新时代背景下电力企业改革探索与研究

本书编委会　编著

北　京

冶 金 工 业 出 版 社

2022

内 容 提 要

本书系统地阐述了在把握新发展阶段、贯彻新发展理念、构建新发展格局的大背景下，电力企业改革工作的主要思路。全书分为电力体制改革探索与研究、国资国企改革探索与研究两章，第一章讲述了电力体制改革的总体思路、政策解读、电力供需形势和电力体制改革现状等内容；第二章讲述了国有企业改革历程和存在的主要问题、国有企业改革方向和总体思路、推动国企混合所有制改革、建立现代企业制度和法人治理结构、建立市场化经营机制、强化国有资产管理等内容。

本书可供电力企业的管理人员和技术人员阅读，也可供地方电力部门从事电力市场建设、电力体制改革及国家宏观改革政策的科研院所从业人员参考。

图书在版编目(CIP)数据

新时代背景下电力企业改革探索与研究/本书编委会编著 . —北京：冶金工业出版社，2022.4

ISBN 978-7-5024-9101-7

Ⅰ.①新… Ⅱ.①本… Ⅲ.①电力工业—工业企业—企业改革—研究—中国 Ⅳ.①F426.61

中国版本图书馆 CIP 数据核字(2022)第 047129 号

新时代背景下电力企业改革探索与研究

出版发行 冶金工业出版社		**电 话** (010)64027926	
地 址 北京市东城区嵩祝院北巷 39 号		**邮 编** 100009	
网 址 www. mip1953. com		**电子信箱** service@ mip1953. com	

责任编辑 杜婷婷 刘林烨 美术编辑 彭子赫 版式设计 郑小利
责任校对 郑 娟 责任印制 禹 蕊
三河市双峰印刷装订有限公司印刷
2022 年 4 月第 1 版，2022 年 4 月第 1 次印刷
710mm×1000mm 1/16；7.75 印张；151 千字；116 页
定价 58.00 元

投稿电话 (010)64027932 投稿信箱 tougao@ cnmip. com. cn
营销中心电话 (010)64044283
冶金工业出版社天猫旗舰店 yjgycbs. tmall. com
(本书如有印装质量问题，本社营销中心负责退换)

本书编委会

主　　编　朱宏涛　杨红平　晁岱峰

副 主 编　周　鑫　高　璐　刘　静

参　　编　周　通　郭成力　赵　勇　宋　瑞
　　　　　丁　宁　刘渊博　王秋人　陈晓刚

前　言

电力行业作为国民经济的基础行业，其健康发展是经济稳健发展的前提，也是关乎国计民生的重要支柱产业。当前，我国既面临"碳达峰、碳中和"的任务要求，又面临全面深化改革、调整产业结构的紧迫任务。在稳中求进工作总基调下，电力企业要促进效率提升、持续开展内生动力建设，不断提升企业的经营效益，在改革中求发展，在发展中求效益。因此，电力企业必须紧跟国家政策调整，不断主动改革，适应市场变化，才能求得长存和稳健经营。

电力体制改革和国资国企改革是电力企业面临的两项重点改革任务。电力体制改革就是要还原电力的商品属性，削弱发输配售各个环节的垄断行为。在《关于进一步深化电力体制改革的若干意见》（中发〔2015〕9号）的指导下，在已经构建的发电侧竞争市场的基础上，按照"管住中间，放开两头"的大格局，推进售电侧改革并在售电侧构建竞争市场；同时要按照"合理成本＋准许收益"进行输配电价的统一核定，确定中间输配环节的利益分配，削弱电网企业的自然垄断属性。国资国企改革就是要在国有企业建立现代企业制度，完善公司治理体系，打造一批能够面向国际市场、具有卓越竞争力的世界一流企业。国有企业要按照现代公司制度设立法人治理结构，突出董事会的决策作用，还要在一些市场化比较强的领域引入部分社会资本，通过混合所有制的改革促进正确决策和提升效率，在一些单位使用职业经理人制度，试行期权和股权激励，推广市场化的薪酬制度，促进现代公司体系的建立。

本书介绍了电力体制改革的主要思路，并对主要的政策性文件进行深入解读，对我国的电力供需形势进行了分析，介绍当前电力体制改革工作的现状。在国资国企改革方面，本书阐述了国企改革的历程和存在的主要问题，分析了国企的定位和国企改革的主要路径，重点讲述混合所有制改革、现代企业制度和法人治理结构的建立及建立市场化经营机制和强化国有资产管理四个方面。

　　本书第一章主要由国网内蒙古东部电力有限公司体制改革办公室高级工程师朱宏涛编写，第二章主要由国网内蒙古东部电力有限公司体制改革办公室高级工程师杨红平博士和高级政工师晁岱峰编写。其中，周通参与了输配电价改革的编写，郭成力参与了混合所有制改革的编写，高璐参与了建立现代企业制度的编写，刘静参与了市场运营机制的编写。

　　本书在编写过程中，得到了北京科大中冶技术培训有限公司副总经理周鑫的指导，在此表示衷心的感谢。

　　由于作者水平所限，书中不妥之处，恳请广大读者批评指正。

作　者

2021 年 11 月

目　　录

第一章　电力体制改革探索与研究

第一节　电力体制改革总体思路

一、我国电力体制改革的历史

我国电力体制改革大体分为三个阶段：第一阶段的起点是 20 世纪 80 年代在电力投资上允许多家办电，改变过去独家办电，初步扭转电力短缺问题；第二阶段起点是《关于印发电力体制改革方案的通知》（国发〔2002〕5 号）启动的电改，实现了厂网分开、主辅分离；第三阶段起点是《关于进一步深化电力体制改革的若干意见》（中发〔2015〕9 号）（以下简称中发〔2015〕9 号文件）启动的新一轮电改，主要内容是"三放开、一独立、三强化"，进一步推进电力市场化。

1980 年之前，我国电力工业基本上实行集中统一的计划管理体制，全国经历了长期的缺电局面；1978 年，我国仅有发电装机容量 5712 万千瓦，其中水电 1728 万千瓦，火电 3984 万千瓦。"六五"计划时期（1981—1985 年），继续贯彻执行"调整、改革、整顿、提高"的新八字方针，电力工业发展效果超出预期。1985 年年末，我国发电装机容量 8705 万千瓦。1985 年，国务院批转国家经济委员会等部门印制《关于鼓励集资办电和实行多种电价的暂时规定》的通知；1987 年提出"政企分开、省为实体、联合电网、统一调度、集资办电"的改革方针，加速了集资办电、利用外资办电、地方政府办电等进展，极大促进了电力特别是电源的发展。1985—1992 年发电装机年均增幅约为 10%，到 1992 年底达 1.67 亿千瓦。1997 年，国家电力公司成立，负责电力行业商业运行的管理，加快电力工业政企分开的步伐。在 2002 年厂网分开之前，国家电力公司作为国家授权的投资主体及资产经营主体，经营跨区送电和国家电网的统一管理。其间，二滩水电站投产后弃水，进一步引发了改革电力体制的大讨论。

2002 年，电改主要任务是"厂网分开、竞价上网"；同时还进行了东北、华东等区域电力市场试点以及主辅分离、节能发电调度、大用户直接交易、发电权交易、农电体制改革等探索。发输配售"大一统"的国家电力公司被拆成"5+2+4"电企新格局，即五大发电集团、两大电网企业、四大辅业集团（后又整合为两个），市场竞争格局显现。之后十多年，电力行业实现了"超乎寻常"的快速发展，有力支撑了国民经济的高速发展。2002—2015 年间，我国发电装机从 3.56 亿千瓦增长到 15.25 亿千瓦，发电量从 1.64 万亿千瓦·时增长到 5.74 万亿千瓦·时，但部分舆论评价此轮电改没有达到中央设计的目标，存在政企分开不到位，厂网分开不彻底，主辅分离形成新垄断，输配分开陷入停滞，电网统购统销，电力调度不独立，发电企业与大用户不能直接交易，电力市场监管乏力等问题。

2015 年，电改主要内容是"三放开、一独立、三强化"，即：有序放开输配以外的竞争性环节电价，有序向社会资本放开配售电业务，有序放开公益性和调节性以外的发用电计划；交易机构相对独立；对区域电网、输配电体制深化研究。同时，强化政府监管、统筹规划、安全可靠供应，构建"管住中间，放开两头"的体制架构，核心是建立有法可依、政企分开、主体规范、交易公平、价格合理、监管有效的市场体制。

回顾三轮电改，我国始终坚持市场化改革思路，基本遵循"开放－多元－竞争－市场－规则－监管－完善"的改革逻辑，让电力行业从半封闭走向开放，从集中单一走向分散多元，促进了电力市场的形成、电力企业的竞争以及行业的快速发展，让消费者不仅"有电用"，而且还拥有选择权和参与权，享受综合能源服务，利好社会经济发展。20 世纪 80 年代电改的鲜明特点是投资侧的放开。在之后的两轮电改中，如果说 2002 年电改侧重于"发电侧的放开"，解决了电力短缺"量"的问题，那么 2015 年新电改则着力"配售电侧的放开"，重在解决"质"的问题，通过产销对接和市场竞争，进一步提高效率、降低电价，保障优质服务。

二、我国近年来电改成就

自 2002 年电力体制改革实施以来，在党中央、国务院领导下，电力行业破除了独家办电的体制束缚，从根本上改变了指令性计划体制和政企不分、厂网不分等问题，初步形成了电力市场主体多元化竞争格局。

（1）促进了电力行业快速发展，电网规模和发电能力位列世界第一。

（2）提高了电力普遍服务水平，农村电力供应能力和管理水平明显提升，农村供电可靠性显著增强，基本实现城乡用电同网同价，无电人口用电问题基本得到了解决。

（3）初步形成了多元化市场体系。在发电方面，组建了多层面、多种所有制、多区域的发电企业；在电网方面，除国家电网和南方电网，组建了内蒙古电网等地方电网企业；在辅业方面，组建了中国电建、中国能建两家设计施工一体化的企业。

（4）电价形成机制逐步完善。在发电环节实现了发电上网标杆价，在输配环节逐步核定了大部分省的输配电价，在销售环节相继出台差别电价和惩罚性电价、居民阶梯电价等政策。

（5）积极探索了电力市场化交易和监管。电力市场化交易取得重要进展，电力监管积累了重要经验。

当前，电力行业发展还面临一些亟须通过改革解决的问题。

（1）交易机制缺失，发电企业和用户之间市场交易有限，市场配置资源的决定性作用难以发挥，资源利用效率不高。

（2）价格关系没有理顺，市场化定价机制尚未完全形成。现行电价管理仍以政府定价为主，电价调整往往滞后成本变化，难以及时并合理反映用电成本、市场供求状况、资源稀缺程度和环境保护支出。

（3）政府职能转变不到位，各类规划协调机制不完善。各类专项发展规划之间、电力规划的实际执行与规划偏差过大。

（4）发展机制不健全，新能源和可再生能源开发利用面临困难。可再生能源和可再生能源发电全额上网问题未得到有效解决。

（5）立法修法工作相对滞后，现有的一些电力法律法规已经不能适应的现实发展需要，制约电力市场化和健康发展。

三、新一轮电力体制改革的指导思想

深化电力体制改革是一项紧迫的任务，事关我国能源安全和经济社会发展全局。社会各界对加快电力体制改革的呼声也越来越高，推进改革的社会诉求和共识都在增加，具备了宽松的外部环境和扎实的工作基础。

（一）指导思想

坚持社会主义市场经济改革方向，从我国国情出发，坚持清洁、高效、安全、可持续发展，全面实施国家能源战略，加快构建有效竞争的市场结构和市场体系，形成主要由市场决定能源价格的机制，转变政府对能源的监管方式，建立健全能源法制体系，为建立现代能源体系、保障国家能源安全营造良好的制度环境，充分考虑各方面诉求和电力工业发展规律，兼顾改到位和保稳定。

（二）总体目标

通过改革，建立健全电力行业"有法可依、政企分开、主体规范、交易公平、价格合理、监管有效"的市场体制，努力降低电力成本、理顺价格形成机制，逐步打破垄断、有序放开竞争性业务，实现供应多元化，调整产业结构，提升技术水平、控制能源消费总量，提高能源利用效率、提高安全可靠性，促进公平竞争、促进节能环保。

（三）基本路径

在进一步完善政企分开、厂网分开、主辅分开的基础上，按照管住中间、放开两头的体制架构，有序放开输配以外的竞争性环节电价，有序向社会资本开放配售电业务，有序放开公益性和调节性以外的发用电计划；推进交易机构相对独立，规范运行；继续深化对区域电网建设和适合我国国情的输配体制研究；进一步强化政府监管，进一步强化电力统筹规划，进一步强化电力安全高效运行和可靠供应。

（四）基本原则

（1）坚持安全可靠，保障电能的生产、输送和使用动态平衡，保障电力系统安全稳定运行和电力可靠供应，提高电力安全可靠水平。

（2）坚持市场化改革，区分竞争性和垄断性环节，在发电侧和售电侧开展有效竞争，培育独立的市场主体，着力构建主体多元、竞争有序的电力交易格局，形成适应市场要求的电价机制。

（3）坚持保障民生，充分考虑企业和社会承受能力，保障基本公共服务的供给。

（4）坚持节能减排，积极开展电力需求侧管理和能效管理，完善有序用电和节约用电制度，促进经济结构调整、节能减排和产业升级。

（5）坚持科学监管，政府管理重点放在加强发展战略、规划、政策、标准等的制定实施，加强市场监管。

四、电力体制改革的重点任务

（1）有序推进电价改革，理顺电价形成机制。
（2）推进电力交易体制改革，完善市场化交易机制。
（3）建立相对独立的电力交易机构，形成公平规范的市场交易平台。
（4）推进发用电计划改革，更多发挥市场机制的作用。
（5）稳步推进售电侧改革，有序向社会资本放开售电业务。
（6）开放电网公平接入，建立分布式电源发展新机制。
（7）加强电力统筹规划和科学监管，提高电力安全可靠水平。

第二节　电力体制改革政策解读

近年来，我国从市场建设、电价体系、售电侧市场等多角度共同发力，不断深化电改走向深入，提高了电力市场的运营效率，促进了能源的合理高效利用。

一、售电侧改革

2015 年，中华人民共和国国家发展和改革委员会（以下简称国家发改委）印发《关于推进售电侧改革的实施意见》，提出向社会资本开放售电业务，多途径培育售电侧市场竞争主体，有利于更多的用户拥有选择权，提升售电服务质量和用户用能水平。明确售电侧市场主体有三类：一是电网企业，承担其供电营业区保底供电服务，履行确保居民、农业、重要公用事业和公益性服务等用电的基本责任；二是售电公司，分为电网企业的售电公司、社会资本投资增量配电网（拥有配电网运营权的售电公司）和独立的售电公司（不拥有配电网运营权，不承担保底供电服务）；三是用户，需要符合市场准入条件，可以直接与发电公司交易，也可以自主选择与售电公司交易，或选择不参与市场交易。《关于推进售电侧改革的实施意见》明确了参与交易的市场主体采用公示和信用承诺制度，社会比较关注的售电公司"牌照"问题，文件明确不搞行政许可的准入方式，而是建立"一承诺、一公示、一注册、两备案"的准入制度，确定了售电侧批发和零售的市场交易方式。

2019 年，国家密集出台了增量配电改革的相关政策，其中最为重要的就是《关于进一步推进增量配电业务改革的通知》（发改经体〔2019〕27 号），规定电网企业已获批并开工，但在核准或备案文件有效期内实际完成投资不够 10% 的项目，可纳入增量配电业务试点，电网企业可将该项目资产通过资产入股等方式参与增量配电网建设。各地可以根据需要，开展正常方式下仅具备配电功能的规划内 220(330) 千伏增量配电业务试点，可不限于用户专用变电站和终端变电站。尚未确定业主的试点项目，地方政府部门不得直接指定试点项目业主，任何企业不得强行要求获取试点项目控股权，不建议电网企业或当地政府投资平台控股试点项目。已确定业主的试点项目可维持项目各投资方股比不变。2019 年，国家发改委公布了第四批增量配电试点项目名单，启动了第五批试点项目的申报工作。

二、电价改革

电价改革是电力体制改革的核心内容。《关于进一步深化电力体制改革的若干意见》（中发〔2015〕9 号）要求有序推动电价改革，理顺电价形成机制。输配电价从购销价差变更为单独核定，发售电价从计划定价变更为市场竞价。

电价改革的政策集中于输配电价环节，通过加强对于电网企业输配电成本的监审，建立规则明确、水平合理、监管有力的输配电价监管体系，改变了电网公司的盈利模式。通过清理规范电网和转供电环节收费，降低一般工商业环节电价等直接降价手段，达到终端用户用能成本降低的目的。

2015 年 3 月，国家发改委印发《输配电定价成本监审办法（试行）》，明确了输配电成本构成、归集和核定办法，为核定输配电价确定了基础，输配电成本包括折旧和运维费，按公用网络服务成本和专项服务成本分别归集。

2015 年 11 月，国家发改委印发《关于推进输配电价改革的实施意见》，确定了"准许成本+合理收益"的核定原则，提出了输配电价改革的四项措施：一是逐步扩大输配电价改革的试点范围；二是认真开展输配电价的测算工作；三是分类推进交叉补贴改革；四是明确过渡时期电力直接交易的输配电价政策。

2016 年 12 月，国家发改委印发《省级电网输配电价定价办法（试行）》，按"准许成本+合理收益"的原则为省级电网输配电价提出了核价办法。省级输配电价监管周期为三年，按照邮票法计算省级电网输配电价，提出了输配电价调整机制，建立电网企业的激励和约束机制。2017 年 6 月，除西藏自治区外，全国各省均完成第一监管周期省级电网输配电价核定工作。

2017 年，国家发改委印发《关于进一步加强垄断行业价格监管的意见》，提出到 2020 年，网络型自然垄断环节和重要公用事业、公益性服务业定价办法、成本监审办法基本实现全覆盖，逐步清理垄断行业经营服务性收费，取消不合理收费。《关于进一步加强垄断行业价格监管的意见》明确了严格的成本审查、健全定价机制、规范定价程序、推进信息公开、加强定价执行等五个重点任务，构建了垄断行业价格监督的制度框架。

2017 年 12 月，国家发改委印发《区域电网输电价格定价办法（试行）》《跨省区专项工程输电价格定价办法（试行）》和《关于制定地方电网和增量配电网配电价格的指导意见》，其与省级电网输配电价定价办法共同形成了完整的输配电价定价体系。《区域电网输电价格定价办法（试行）》规定区域电网实行两部制电价，实行事前核定、定期调整的电价机制，监管周期为三年；《跨省区专项工程输电价格定价办法（试行）》规定跨省区专项工程根据经营期电价法计算，按照联网功能为主或者输电功能为主形成单一容量制或者单一电量制输电价格；《关于制定地方电网和增量配电网配电价格的指导意见》规定对于招标方式确定投资主体的项目采用招标定价法，对于非招标方式确定投资主体的项目可以按照准许收入法、最高限价法和标尺竞争法三种定价方法中的一种或者几种方法定价，配电网和省级电网之间按照省级电网相应的电压等级输配电价执行。

2018 年 3 月，国家发改委印发《关于降低一般工商业电价有关事项的通知》，落实一般工商业降价 10% 的政策要求，2018 年全国一般工商业电价平均降低 0.08 元/（千瓦·时），降幅超过 10%。具体措施有：全面落实已出台的电网清费政策，督促电网企业组织清退已向电力用户收取的临时接电费，减免余热、余压、余气自备电厂政策性交叉补贴和系统备用费；推进区域电网和跨省跨区专项工程输电价格改革；进一步规范和降低电网环节收费，提高两部制电价的灵活性；完善两部制电价制度，两部制电力用户可自愿选择按变压器容量或合同最大需量缴纳电费，也可选择按实际最大需量缴纳电费；全面清理规范电网企业在输配电价之外的收费项目；重点清理规范产业园区、商业综合体等经营者向转供电用户在国家规定销售电价之外收取的各类加价；临时性降低输配电价；将省级电网企业已核定的规划新增输配电投资额转为用于计提折旧的比例由平均75%降至70%，减少本监管周期定价成本，并相应降低输配电价。

2019年5月，国家发改委印发《关于降低一般工商业电价的通知》，要求重大水利工程建设基金征收标准降低50%形成的降价空间（市场化交易电量除外），全部用于降低一般工商业电价。适当延长电网企业固定资产折旧年限，将电网企业固定资产平均折旧率降低0.5个百分点；增值税税率和固定资产平均折旧率降低后，重新核定的跨省跨区专项工程输电价格具体见附件，专项工程降价形成的降价空间在送电省、受电省之间按照1∶1比例分配（与送电省没有任何物理连接的点对网工程降价形成的降价空间由受电省使用）。上述措施形成的降价空间全部用于降低一般工商业电价。因增值税税率降低到13%，省内水电企业非市场化交易电量、跨省跨区外来水电和核电企业（三代核电机组除外）非市场化交易电量形成的降价空间，全部用于降低一般工商业电价。积极扩大一般工商业用户参与电力市场化交易的规模，通过市场机制进一步降低用电成本。

2019年5月，国家发改委、国家能源局联合印发《输配电定价成本监审办法》，输配电定价成本监审应遵循以下原则：

（1）合法性原则；

（2）相关性原则；

（3）合理性原则。

输配电定价成本包括折旧费和运行维护费。折旧费是对输配电业务相持电网正常运行的费用，包括材料费、修理费、人工费和其他运营费用。与输配电业务无关的费用不得计入输配电价定价成本。电网企业应当自收到成本监审书面通知之日起20个工作日内，向政府价格主管部门或其指定的单位提供输配电定价成本监审所需资料，并对所提供成本资料的真实性、合法性、完整性负责。

2019年10月，国家发改委印发《关于深化燃煤发电上网电价形成机制改革的指导意见》，提出将现行燃煤发电标杆上网电价改为基准价+上下浮动的市场化价格机制。基准价按照燃煤标杆上网电价确定，浮动范围上浮不超过10%，下浮不超过15%。

2020年1月，国家发改委印发《省级电网输配电价定价办法》和《区域电网输电价格定价办法》。《省级电网输配电价定价办法》规定了三个输配电价定价原则：一是促进电网企业高质量发展；二是实现用户公平分摊成本；三是严格规范政府定价行为。核定省级电网输配电价，先核定电网企业输配电业务的准许收入，再以准许收入为基础核定分电压等级和各类用户输配电价。省级电网输配电价在每一监管周期开始前核定，监管周期为三年。省级电网输配电准许收入由准许成本、准许收益和税金构成。

《区域电网输电价格定价办法》规定核定区域电网输电价格遵循提升电网效率、合理分摊成本、促进电力交易的原则。区域电网输电价格，先核定区域电网输电业务的准许收入，再以此为基础核定。区域电网输电价格在每一监管周期开始前核定，监管周期为三年。区域电网准许收入由准许成本、准许收益和税金构成。区域电网准许收入通过容量电费和电量电费两种方式回收。

2020 年 2 月，国家发改委印发《关于阶段性降低企业用电成本支持企业复工复产的通知》，明确除高耗能行业用户外的，现执行一般工商业及其他电价、大工业电价的电力用户，自 2020 年 2 月 1 日起至 6 月 30 日止，电网企业在计收上述电力用户（含已参与市场交易用户）电费时，统一按原到户电价水平的 95%结算。2020 年 6 月，国家发改委印发《关于延长阶段性降低企业用电成本政策的通知》明确除高耗能行业用户外的，现执行一般工商业及其他电价、大工业电价的电力用户，自 2020 年 7 月 1 日起至 12 月 31 日止，电网企业在计收上述电力用户（含已参与市场交易用户）电费时，统一延续按原到户电价水平的 95%结算。

2020 年 9 月，国家发改委印发《关于核定 2020～2022 年省级电网输配电价的通知》和《关于核定 2020～2022 年区域电网输电价格的通知》，规定了华北、华东、华中、东北、西北区域电网第二监管周期（2020 年 1 月 1 日—12 月 31 日）两部制输电价格水平和各省级电网输配电价（含增值税、线损、交叉补贴和区域电网容量电费）。

三、电力市场建设

（一）交易机构组建

2015 年 11 月，国家发改委印发《关于电力交易机构组建和规范运行的实施意见》，规定按照平稳起步，有序推进、相对独立，依规运行、依法监管，保障公平的原则组建电力交易中心。交易机构不以营利为目的，在政府监管下为市场主体提供规范公开透明的电力交易服务。交易机构主要负责市场交易平台的建设、运营和管理，负责市场交易组织，提供结算依据和相关服务，汇总电力用户与发电企业自主签订的双边合同，负责市场主体注册和相应管理，披露和发布市场信息等。区域交易机构包括北京电力交易中心（依托国家电网公司组建）、广州电力交易中心（依托南方电网公司组建）和其他服务于有关区域电力市场的交易机构。可建立由电网企业、发电企业、售电企业、电力用户等组成的市场管理委员会。

2018 年 8 月，国家发改委、国家能源局联合印发《关于推进电力交易机构规范化建设的通知》，电力交易机构应体现多方代表性，股东应来自各类交易主体，非电网企业资本股比应不低于 20%，鼓励按照非电网企业资本占股 50% 左右完善股权结构，各电力交易机构股份制改造工作应于 2018 年 12 月底前完成，并持续推进电力交易机构相对独立工作。市场管理委员会由电网企业、发电企业、售电企业、电力用户等组成。尚未成立市场管理委员会的电力交易机构，要尽快成立市场管理委员会。

2020 年 2 月，国家发改委、国家能源局印发《关于推进电力交易机构独立规范运行的实施意见》，指出 2020 年底前，区域性交易机构和省（自治区、直辖市）交易机构的股权结构进一步优化、交易规则有效衔接，与调度机构职能划分清晰、业务配合有序。2022 年底前，各地结合实际情况进一步规范完善市场框架、交易规则、交易品种等，京津冀、长三角、珠三角等地区的交易机构相互融合，适应区域经济一体化要求的电力市场初步形成。2025 年底前，基本建成主体规范、功能完备、品种齐全、高效协同、全国统一的电力交易组织体系。2020 年上半年，北京、广州 2 家区域性交易机构和省（自治区、直辖市）交易机构中电网企业持股比例全部降至 80% 以下，2020 年底前电网企业持股比例降至 50% 以下。

（二）发用电计划放开

2015 年 11 月，国家发改委印发《关于有序放开发用电计划的实施意见》，提出坚持市场化、坚持保障民生、坚持节能减排和清洁能源优先上网、坚持电力系统安全和供需平衡、坚持有序推进等原则，建立优先购电制度，优先购电是指按照政府定价优先购买电力电量，并获得优先用电保障。一产用电，三产中的重要公用事业、公益性服务行业用电，以及居民生活用电优先购电。建立优先发电制度，优先发电是指按照政府定价或同等优先原则，优先出售电力电量。为便于依照规划认真落实可再生能源发电保障性收购制度，纳入规划的风能、太阳能、生物质能等可再生能源发电优先发电；为满足调峰调频和电网安全需要，调峰调频电量优先发电；为保障供热需要，热电联产机组实行"以热定电"，供热方式合理、实现在线监测并符合环保要求的在采暖期优先发电，以上原则上列为一类优先保障。为落实国家能源战略、确保清洁能源送出，跨省跨区送受电中的国家计划、地方政府协议送电量优先发电；为减少煤炭消耗和污染物排放，水电、核电、余热余压余气发电、超低排放燃煤机组优先发电，以上原则上列为二类优先保障。切实保障电力电量平衡，积极推进直接交易，选择直接交易的用户，原则上应全部电量参与市场交易，不再按政府定价购电。有序放开发用电计划，现阶段可以放开 110 千伏（66 千伏）及以上电压等级工商业用户、部分 35 千伏电压等级工商业用户参与直接交易。

2017 年 3 月，国家发改委、国家能源局印发《关于有序放开发用电计划的通知》，各地要加快推进电力体制改革，逐步扩大市场化交易电量规模，自文件下发之日起，尽快组织发电企业特别是燃煤发电企业与售电企业、用户及电网企业签订三方发购电协议（合同）。2018 年以后计划发电量比例，配合用电量放开进展逐年减小。上年度计划利用小时数不宜作为基数的地区，可由省级政府相关部门根据电力体制改革相关精神适当调整确定基数。对中发〔2015〕9 号文件颁布实施后核准的煤电机组，原则上不再安排发电计划，不再执行政府定价，投产后一律纳入市场化交易和由市场形成价格，但签约交易电量亦不应超过当地年度燃煤机组发电小时数最高上限。各地按照中发〔2015〕9 号文件及配套文件精神制定优先发电计划，以落实国家能源战略，确保清洁能源、调峰机组等保障性电源发电需要。省（区、市）内消纳的规划内风电、太阳能发电、核电等机组在保障性收购小时以内的电量，水电兼顾资源等条件、历史均值和综合利用要求的优先发电量，热电联产机组供热期以热定电的发电量，以及调峰调频电量，由省级政府相关部门按照《关于有序放开发用电计划的实施意见》要求，依据国家制定的相关办法，确定为优先发电计划，由电网企业保障执行。优先发电计划可以执行政府定价，也可通过市场化方式形成价格，各地要按照中发〔2015〕9 号文件及配套文件精神明确优先购电范围，制定优先购电计划，确保无议价能力用户用电需要。优先购电计划执行政府定价，由电网公司予以保障。各地要加快放开无议价能力用户以外的电力用户等购电主体参与市场交易，引导发电侧放开规模与需求侧相匹配。参与直接交易的购电主体，原则上应全部电量参与市场交易，市场化交易的电量，政府相关部门将不再下达用电计划。凡是参加电力市场交易的电力用户，均不再执行对应的目录电价。除优先购电、优先发电对应的电量外，发电企业其他上网电量价格主要由用户、售电主体与发电企业通过自主协商、市场竞价等方式确定。

2018 年 7 月，国家发改委、国家能源局印发《关于积极推进电力市场化交易进一步完善交易机制的通知》，提出要提高市场化交易电量规模，各地要取消市场主体参与跨省跨区电力市场化交易的限制，鼓励电网企业根据供需状况、清洁能源配额完成情况参与跨省跨区电力交易，支持电力用户与水电、风电、太阳能发电、核电等清洁能源发电企业开展市场化交易。推进各类发电企业进入市场，中发〔2015〕9 号文件颁布实施后核准的煤电机组，原则上不再安排发电计划，投产后一律纳入市场化交易，鼓励支持环保高效特别是超低排放机组通过电力直接交易和科学调度多发电。在统筹考虑和妥善处理电价交叉补贴的前提下，有序放开水电参与电力市场化交易。在确保供电安全的前提下，完善和创新交易规则，推进规划内的风电、太阳能发电等可再生能源在保障利用小时数之外参与直接交易、替代火电发电权交易及跨省跨区现货交易试点等，通过积极参与市场化交易，增加上网电量，促进消纳。各地要结合实际合理确定可再生能源保障利用小时数，做好优先发电保障和市场化消纳的衔接。对企业自发自用的余热、余压、余气发电等资源综合利用机组，继续实施减免系统备用费和政策性交叉补贴等相关支持政策。稳妥有序推进核电机组进入市场。放开符合条件的用户进入市场，有序放开用户电压等级及用电量限制，符合条件的 10 千伏及以上电压等级用户均可参与交易。支持年用电量超过 500 万千瓦·时的用户与发电企业开展电力直接交易。2018 年放开煤炭、钢铁、有色、建材四个行业电力用户发用电计划，全电量参与交易，并承担清洁能源配额。支持高新技术、互联网、大数据、高端制造业等高附加值的新兴产业以及各地明确的优势特色行业、技术含量高的企业参与交易，可不受电压等级及用电量限制。支持工业园区、产业园区和经济技术开发区等整体参与交易，稳妥放开铁路、机场、市政照明、供水、供气、供热等公共服务行业企业参与交易。积极培育售电市场主体，鼓励供水、供气、供热等公共服务行业和节能服务公司从事售电业务。完善市场主体注册、公示、承诺、备案制度，发电企业、电力用户和售电企业等市场主体需在电力交易机构注册成为合格市场主体。规范市场主体交易行为，市场主体选择进入市场，在 3 年内不可退出，通过市场竞争形成价格。电力用户原则上应全电量参与电力市场，可自主选择向发电企业直接购电或向售电企业购电。发电企业与电力用户、售电企业进行直接交易的。完善市场化交易电量价格形成机制，鼓励交易双方签订中长期市场化交易合同，在自主自愿、平等协商的基础上，约定建立固定价格、"基准电价+浮动机制"、随电煤价格并综合考虑各种市场因素调整等多种形式的市场价格形成机制，探索建立随产品价格联动的交易电价调整机制。

2019 年 1 月，国家发改委、国家能源局联合印发《关于规范优先发电优先购电计划管理的通知》，强调优先发电是实现风电、太阳能发电等清洁能源保障性收购，确保核电、大型水电等清洁能源按基荷满发和安全运行，促进调峰调频等调节性电源稳定运行的有效方式。优先购电是为居民、农业、重要公用事业和公益性服务等重点用电提供保障性服务，确保民生用电安全可靠的必要措施。编制优先发电计划要重点做好电网安全和民生保障、资源利用保障、政策奖励保障等方面工作。编制优先购电计划要重点做好农业用电、居民生活用电及重要公用事业、公益性服务用电的保障。

2019 年 6 月，国家发改委印发《关于全面放开经营性电力用户发用电计划有关要求的通知》。一是要求全面放开经营性电力用户发用电计划，除居民、农业、重要公用事业和公益性服务等行业电力用户以及电力生产供应所必需的厂用电和线损之外，其他电力用户均属于经营性电力用户。拥有燃煤自备电厂的企业按照国家有关规定承担政府性基金及附加、政策性交叉补贴、普遍服务和社会责任，按约定向电网企业支付系统备用费，取得电力业务许可证，达到能效、环保要求，成为合格市场主体后，有序推进其自发自用以外电量按交易规则参与交易；二是支持中小用户参与市场化交易，积极支持中小用户由售电公司代理参加市场化交易，中小用户需与售电公司签订代理购电合同，与电网企业签订供用电合同。三是健全全面放开经营性发用电计划后的价格形成机制，对于已按市场化交易规则执行的电量，价格仍按照市场化规则形成；鼓励电力用户和发电企业自主协商签订合同时，以灵活可浮动的形式确定具体价格，价格浮动方式由双方事先约定。四是切实做好公益性用电的供应保障工作，电网企业要按照规定承担相关责任，按照政府定价保障优先购电用户用电；优先购电首先由优先发电电量予以保障。五是切实做好规划内清洁电源的发电保障工作，积极推进风电、光伏发电无补贴平价上网工作，对平价上网项目和低价上网项目，要将全部电量纳入优先发电计划予以保障，在同等条件下优先上网。

（三）市场交易机制

2015 年 11 月，国家发改委、国家能源局印发《关于推进电力市场建设的实施意见》，强调遵循市场经济基本规律和电力工业运行客观规律，积极培育市场主体，坚持节能减排，建立公平、规范、高效的电力交易平台，引入市场竞争，打破市场壁垒，无歧视开放电网。具备条件的地区逐步建立以中长期交易为主、现货交易为补充的市场化电力电量平衡机制；逐步建立以中长期交易规避风险，以现货市场发现价格，交易品种齐全、功能完善的电力市场。在全国范围内逐步形成竞争充分、开放有序、健康发展的市场体系。中长期市场主要开展多年、年、季、月、周等日以上电能量交易和可中断负荷、调压等辅助服务交易。现货市场主要开展日前、日内、实时电能量交易和备用、调频等辅助服务交易。条件成熟时，探索开展容量市场、电力期货和衍生品等交易。

从地理分布来看，市场结构分为区域和省（区、市）电力市场，市场之间不分级别。区域电力市场包括在全国较大范围内和一定范围内资源优化配置的电力市场两类。在全国较大范围内资源优化配置的区域电力市场主要通过北京电力交易中心（依托国家电网公司组建）、广州电力交易中心（依托南方电网公司组建）实现，负责落实国家计划、地方政府协议明确的定向送电，并促进这些计划性质的跨省跨区交易市场化。一定范围内资源优化配置的区域电力市场主要通过中长期交易、现货交易，实现电力交易品种全覆盖和电力在一定范围内的优化配置。

电力市场建设的实施路径是：有序放开发用电计划、竞争性环节电价，按照电压等级和用电容量不断扩大参与直接交易的市场主体范围和电量规模，选择具备条件地区建设现货交易和中长期交易同步开展的电力市场试点，建立适应现货交易要求的优先发用电机制；电力市场试点运行一定时间后，总结试点经验、完善交易机制、丰富交易品种，视情况扩大试点范围，推动各电力市场的融合与联合运行。

电力市场建设明确以下九项主要任务：

（1）组建相对独立的电力交易机构；

（2）完善电力市场交易技术支持系统；

（3）建立优先购电、优先发电制度，保障公益性、调节性发用电优先购电、优先发电，坚持清洁能源优先上网，加大节能减排力度，并在保障供需平衡的前提下，逐步形成以市场为主的电力电量平衡机制；

（4）建立相对稳定的中长期交易机制，优先购电和优先发电视为年度电能量交易签订合同，可中断负荷、调压等辅助服务可签订中长期交易合同；

（5）完善跨省跨区电力交易机制，以中长期交易为主、临时交易为补充，鼓励发电企业、电力用户、售电主体等通过竞争方式进行跨省跨区买卖电；

（6）建立有效竞争的现货交易机制，按成本最小原则建立现货交易机制，发现价格，引导用户合理用电，促进发电机组最大限度提供调节能力，挖掘系统消纳清洁能源的能力；

（7）建立辅助服务交易机制，保障电网运行安全；

（8）形成促进可再生能源利用的市场机制，规划内的可再生能源优先发电，优先发电合同可转让，鼓励可再生能源参与电力市场，鼓励跨省跨区消纳可再生能源；

（9）建立市场风险防范机制。

2016年12月，国家发改委、国家能源局印发《电力中长期交易基本规则（暂行）》，规定优先发电电量和基数电量现阶段视为厂网双边交易电量，签订厂网间购售电合同，纳入电力中长期交易范畴，其全部电量交易、执行和结算均需符合本规则相关规定。辅助服务补偿（交易）机制纳入电力中长期交易范畴，执行本规则相关规定。中长期交易市场成员包括各类发电企业、售电企业、电网企业、电力用户、电力交易机构、电力调度机构和独立辅助服务提供者等。交易品种包括电力直接交易、跨省跨区交易（指跨越发电调度控制区）、合同电量转让交易，以及辅助服务补偿（交易）机制等。电力中长期交易可以采取双边协商、集中竞价、挂牌等方式进行。已核定输配电价的地区，电力直接交易按照核定的输配电价执行，不得采取购销差价不变的方式；暂未单独核定输配电价的地区，以及已核定输配电价未覆盖的电压等级电力用户，可采取电网购销差价不变的方式。规定了年度月度中长期交易规则，交易的组织形式等。

2017年8月，国家发改委、国家能源局印发《关于开展电力现货市场建设试点工作的通知》，2018年底前启动电力现货市场试运行，积极推动与电力现货市场相适应的电力中长期交易。结合各地电力供需形势、网源结构和市场化程度等条件,选择南方(以广东起步)、蒙西、浙江、山西、山东、福建、四川、甘肃等8个地区作为第一批试点,加快组织推动电力现货市场建设工作。

2017年8月,国家能源局印发《完善电力辅助服务补偿(市场)机制工作方案》,强调坚持服务大局原则,坚持市场化原则,坚持因地制宜原则完善补偿服务市场工作机制。提出以下17项要求。

(1)实现电力辅助服务补偿项目全覆盖。

(2)实现省级及以上电力调度机构调度的发电机组全部纳入电力辅助服务管理范围。

(3)实现电力辅助服务补偿力度科学化。

(4)鼓励采用竞争方式确定电力辅助服务承担机组。

(5)鼓励自动发电控制和调峰服务按效果补偿。

(6)按需扩大电力辅助服务提供主体。

(7)开展电力用户与发企业中长期交易的地区,除了完成上述(1)~(6)条工作外,还应建立电力用户参与的电力辅助服务分担共享机制。

(8)电力辅助服务参与主体增加电力用户。

(9)电力用户参与电力辅助服务的方式有直接参与分摊电力辅助服务费用、经发电企业间接承担、购买发电企业辅助服务、自行提供电力辅助服务等。

(10)直接参与分摊电力辅助服务费用方式:电力用户按照直接交易电费承担电力辅助服务补偿责任。发电企业相应直接交易电费不再参与电力辅助服务补偿费用分摊,由电力用户按照直接交易电费与发电企业非直接交易电费比例分摊电力辅助服务补偿费用。

(11)电力用户经发电企业间接承担方式:电力用户与发电企业协商直接交易电价时约定直接交易电价包含电力辅助服务费用,发电企业直接交易电费应继续参与电力辅助服务补偿费用分摊。

(12)购买发电企业辅助服务方式:电力调度机构事先按照电力用户市场份额计算应该承担的电力辅助服务责任。电力用户通过自身资源履行电力辅助服务责任,不足部分向发电企业购买电力辅助服务来确保责任的履行。

(13)自行提供电力辅助服务方式:用户根据系统运行需要调整用电曲线或者中断负荷作为电力辅助服务提供方。

(14)推进国家指令性计划、地方政府协议跨省跨区电能交易辅助服务补偿工作。

(15)市场化跨省跨区电能交易全面实施跨省跨区电力辅助服务补偿。

(16)跨省跨区电力用户与发电企业直接交易按照上述(7)~(13)条执行。

(17)跨省跨区电力辅助服务补偿费用随跨省跨区电能交易电费一起结算,

相关电网企业应对结算工作予以必要的支持。

2017 年 12 月，国家发改委、国家能源局印发《关于开展分布式发电市场化交易试点的通知》，规定接网电压等级在 35 千伏及以下的项目，单体容量不超过 20 兆瓦（有自身电力消费的，扣除当年用电最大负荷后不超过 20 兆瓦）。单体项目容量超过 20 兆瓦但不高于 50 兆瓦，接网电压等级不超过 110 千伏且在该电压等级范围内就近消纳。分布式发电市场化交易的机制是：分布式发电项目单位（含个人，以下同）与配电网内就近电力用户进行电力交易；电网企业（含社会资本投资增量配电网的企业，以下同）承担分布式发电的电力输送并配合有关电力交易机构组织分布式发电市场化交易，按政府核定的标准收取"过网费"。

2018 年 11 月，国家能源局印发《关于健全完善电力现货市场建设试点工作机制的通知》，试点地区原则上应于 2019 年 6 月底前开展现货试点模拟试运行。加快推进试点工作，各试点地区应抓紧工作，加快研究编制现货市场建设试点方案，抓紧研究起草市场运营规则，尽快开展技术支持系统建设相关工作。电力交易机构、电力调度机构要改造系统建设主体责任，电网企业要给予充分的人、财、物支持。

2019 年 7 月，国家发改委办公厅、国家能源局综合司印发《关于深化电力现货市场建设试点工作的意见》，提出科学论证电力市场模式；合理选择现货市场组成，合理确定现货市场主体范围，有利于区域市场建设；统筹协调省间交易与省（区、市）现货市场；统筹协调电力中长期交易与现货市场。统筹协调电力辅助服务市场与现货市场；有序引导用电侧参与现货市场报价；建立促进清洁能源消纳的现货交易机制；合理选择现货市场价格形成机制；科学设定现货市场限价；建立健全现货市场运营工作制度。提高市场运营机构的组织保障水平；加强电力系统运行管理；健全市场信息披露机制。

2020 年 7 月，国家发改委、国家能源局印发《电力中长期交易基本规则》，电力中长期交易指发电企业、电力用户、售电公司等市场主体，通过双边协商、集中交易等市场化方式，开展的多年、年、季、月、周、多日等电力批发交易。市场成员包括各类发电企业、电网企业、配售电企业、电力交易机构、电力调度机构、电力用户、储能企业等。电力中长期交易现阶段主要开展电能量交易，灵活开展发电权交易、合同转让交易，根据市场发展需要开展输电权、容量等交易。电能量交易包括集中交易和双边协商交易两种方式。其中集中交易包括集中竞价交易、滚动撮合交易和挂牌交易三种形式。

（四）清洁能源消纳

2015 年 3 月，国家发改委、国家能源局联合印发《关于改善电力运行调节促进清洁能源多发满发的指导意见》。统筹年度电力电量平衡，积极促进清洁能源消纳，加强日常运行调节，充分运用利益补偿机制为清洁能源开拓市场空间，采取市场化方式，鼓励清洁能源优先与用户直接交易，充分挖掘本地区用电潜力，最大限度消纳清洁能源省（区、市）政府主管部门在确定年度发电计划和跨省区送受电计划后，电力企业应据此协商签订购售电合同，并通过替代发电（发电权交易）、辅助服务等市场机制，实现不同类型电源的利益调节，建立完善调峰补偿机制，加大调峰补偿力度，鼓励通过市场化方式确定调峰承担方，鼓励清洁能源直接购买辅助服务，促进清洁能源多发满发。加强电力需求侧管理，通过移峰填谷为清洁能源多发满发创造有利条件，加强相互配合和监督管理，确保清洁能源多发满发政策落到实处。

2016 年 3 月，国家发改委、国家能源局联合印发《可再生能源发电全额保障性收购管理办法》。可再生能源发电全额保障性收购是指电网企业（含电力调度机构）根据国家确定的上网标杆电价和保障性收购利用小时数，结合市场竞争机制，通过落实优先发电制度，在确保供电安全的前提下，全额收购规划范围内的可再生能源发电项目的上网电量。可再生能源并网发电项目年发电量分为保障性收购电量部分和市场交易电量部分。其中，保障性收购电量部分通过优先安排年度发电计划、与电网公司签订优先发电合同（实物合同或差价合同）保障全额按标杆上网电价收购；市场交易电量部分由可再生能源发电企业通过参与市场竞争方式获得发电合同，电网企业按照优先调度原则执行发电合同。鼓励超出保障性收购电量范围的可再生能源发电量参与各种形式的电力市场交易，充分发挥可再生能源电力边际成本低的优势，通过市场竞争的方式实现优先发电，促进可再生能源电力多发满发。

2016 年 5 月，国家发改委、国家能源局联合印发《关于做好风电光伏发电全额保障性收购管理工作的通知》，综合考虑电力系统消纳能力，按照各类标杆电价覆盖区域，参考准许成本加合理收益，核定了部分存在弃风、弃光问题地区规划内的风电、光伏发电最低保障收购年利用小时数，确保最低保障收购年利用小时数以内的电量以最高优先等级优先发电。保障性收购电量应由电网企业按标杆上网电价和最低保障收购年利用小时数全额结算，超出最低保障收购年利用小时数的部分应通过市场交易方式消纳，由风电、光伏发电企业与售电企业或电力用户通过市场化的方式进行交易，并按新能源标杆上网电价与当地煤电标杆上网电价（含脱硫、脱硝、除尘）的差额享受可再生能源补贴。

2017 年 2 月，国家发改委、财政部、国家能源局联合印发《关于试行可再生能源绿色电力证书核发及自愿认购交易制度的通知》，自 2018 年起适时启动可再生能源电力配额考核和绿色电力证书强制约束交易。绿色电力证书自 2017 年 7 月 1 日起正式开展认购工作，参考《绿色电力证书核发及自愿认购规则（试行）》，认购价格按照不高于证书对应电量的可再生能源电价附加资金补贴金额由买卖双方自行协商或者通过竞价确定认购价格。风电、光伏发电企业出售可再生能源绿色电力证书后，相应的电量不再享受国家可再生能源电价附加资金的补贴。

2017年11月，国家发改委、国家能源局联合印发《解决弃水弃风弃光问题实施方案》，着力完善市场体系和市场机制，发挥市场配置资源的决定性作用，鼓励以竞争性市场化方式实现可再生能源充分利用。从电源结构、电网配套提出27项解决措施，确定到2020年在全国范围内有效解决弃水弃风弃光问题的目标。

2018年12月，国家发改委、国家能源局联合印发《清洁能源消纳行动计划（2018—2020年）》，确定2018年，清洁能源消纳取得显著成效；到2020年，基本解决清洁能源消纳问题的目标。具体指标为2020年，确保全国平均风电利用率达到国际先进水平（力争达到95%左右），弃风率控制在合理水平（力争控制在5%左右）；光伏发电利用率高于95%，弃光率低于5%。全国水能利用率95%以上。全国核电实现安全保障性消纳。提出了优化电源布局，合理控制电源开发节奏，加快电力市场化改革，发挥市场调节功能，加强宏观政策引导，形成有利于清洁能源消纳的体制机制，深挖电源侧调峰潜力，全面提升电力系统调节能力等共7项促进清洁能源消纳措施。

清洁能源消纳主要目标见表1-1。

表1-1　清洁能源消纳主要目标

能源类型	省（自治区）	2018年		2019年		2020年	
		利用率	弃电率	利用率	弃电率	利用率	弃电率
风电	新疆	75%	25%	80%	20%	85%	15%
	甘肃	77%	23%	80%	20%	85%	15%
	黑龙江	90%	10%	92%	8%	94%	6%
	内蒙古	88%	12%	90%	10%	92%	8%
	吉林	85%	15%	88%	12%	90%	10%
	河北	94%	6%	95%	5%	95%	5%
光伏	新疆	85%	15%	90%	10%	90%	10%
	甘肃	90%	10%	90%	10%	90%	10%
水电	四川	90%	—	92%	—	95%	—
	云南	90%	—	92%	—	95%	—
	广西	95%	—	95%	—	95%	—

2019年1月，国家发改委、国家能源局印发《关于积极推进风电、光伏发电无补贴平价上网有关工作的通知》，结合资源、消纳和新技术应用等条件，推进建设不需要国家补贴执行燃煤标杆上网电价的风电、光伏发电平价上网试点项

目（以下简称平价上网项目）。在资源条件优良和市场消纳条件保障度高的地区，引导建设一批上网电价低于燃煤标杆上网电价的低价上网试点项目（以下简称低价上网项目）。对风电、光伏发电平价上网项目和低价上网项目，电网企业应确保项目所发电量全额上网，并按照可再生能源监测评价体系要求监测项目弃风、弃光状况。

2019年5月，国家发改委办公厅、国家能源局综合司印发《关于公布2019年第一批风电、光伏平价上网项目的通知》，标志着风电和光伏进入平价时代，明确了16个省（自治区、直辖市）、250个试点、20176万千瓦装机的试点规模。

2019年5月，国家发改委、国家能源局印发《关于建立健全可再生能源电力消纳保障机制的通知》，国务院能源主管部门按省级行政区域确定消纳责任权重，包括总量消纳责任权重和非水电消纳责任权重。分两个层次对消纳责任权重完成情况进行监测评价和考核：一是省级能源主管部门负责对承担消纳责任的市场主体进行考核；二是国家按省级行政区域进行监测评价。自2020年1月1日起，全面进行监测评价和正式考核。

2020年8月，国家发改委办公厅、国家能源局综合司印发《关于公布2020年平价上网项目的通知》，标志着风电和光伏进入平价时代，明确了20个省（自治区、直辖市）、1147个试点、3305.6万千瓦装机的试点规模。

2021年5月，国家发改委、国家能源局印发《关于2021年可再生能源电力消纳责任权重及有关事项的通知》，确定了2021年可再生能源电力消纳责任权重和2022年预期目标，要求各省按照消纳责任权重积极推动本地可再生能源电力建设，开展跨省跨区电力交易，推动承担消纳责任的市场主体落实可再生能源电力消纳任务。

各省（自治区、直辖市）2020年可再生能源电力消纳责任权重见表1-2。

表1-2 各省（自治区、直辖市）2020年可再生能源电力消纳责任权重

省 （自治区、直辖市）	总量消纳责任权重		非水电消纳责任权重	
	最低消纳责任权重	激励性消纳责任权重	最低消纳责任权重	激励性消纳责任权重
北京	15.5%	16.9%	15.0%	16.5%
天津	14.5%	15.9%	14.0%	15.4%
河北	13.0%	14.4%	12.5%	13.8%
山西	17.0%	18.8%	16.0%	17.6%
内蒙古	18.0%	19.7%	16.5%	18.2%
辽宁	15.0%	16.6%	12.5%	13.8%
吉林	24.0%	26.6%	18.5%	20.4%

省 （自治区、直辖市）	总量消纳责任权重		非水电消纳责任权重	
	最低消纳责任权重	激励性消纳责任权重	最低消纳责任权重	激励性消纳责任权重
黑龙江	22.0%	24.4%	20.0%	22.0%
上海	32.5%	36.3%	4.0%	4.4%
江苏	14.0%	15.4%	7.5%	8.3%
浙江	17.5%	19.6%	7.5%	8.3%
安徽	15.0%	16.7%	12.5%	13.8%
福建	19.5%	21.8%	6.0%	6.6%
江西	22.0%	24.4%	9.0%	9.9%
山东	11.5%	12.6%	11.0%	12.1%
河南	17.5%	19.4%	12.5%	13.8%
湖北	32.5%	35.6%	8.0%	8.8%
湖南	40.0%	44.3%	9.0%	9.9%
广东	28.5%	32.0%	4.5%	5.0%
广西	39.5%	43.9%	7.0%	7.7%
海南	13.5%	14.9%	6.5%	7.2%
重庆	40.0%	44.5%	3.5%	3.9%
四川	80.0%	89.3%	6.0%	6.6%
贵州	30.0%	33.3%	6.0%	6.6%
云南	80.0%	89.0%	15.0%	16.5%
陕西	17.0%	18.8%	12.0%	13.2%
甘肃	44.5%	48.8%	16.5%	18.2%
青海	63.5%	70.7%	25.0%	27.5%
宁夏	22.0%	24.1%	20.0%	22.0%
新疆	20.0%	22.1%	10.5%	11.6%
西藏	不考核	不考核	不考核	不考核

注：京津冀净输入可再生能源电量分开核算。2020年北京、天津、冀北、河北南网参与电力市场交易实际净输入的可再生能源电力，分别按照各自实际的交易电量进行核算，计入北京、天津、河北消纳量。

第三节 电力供需形势[❶]

一、全社会用电与负荷情况

2019 年，全国用电需求稳定增长，全社会用电量 72486 亿千瓦·时，同比增长 4.4%，增速较 2018 年下降 4 个百分点。2019 年全国人均全社会用电量 5186 千瓦·时/人，同比增加 241 千瓦·时/人。

2010—2019 年全国全社会用电量及其增速如图 1-1 所示。

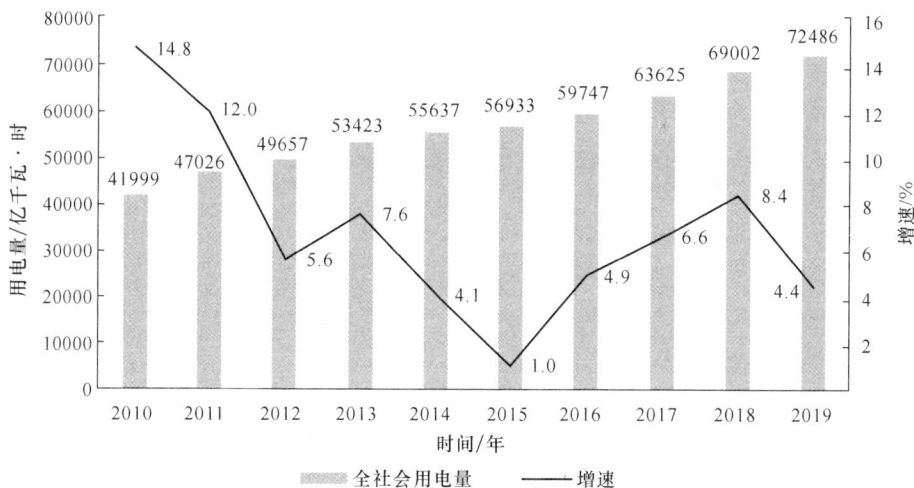

图 1-1 2010—2019 年全国全社会用电量及其增速

2019 年，全社会用电量分季度增速分别为 5.5%、4.5%、3.4% 和 4.7%。2019 年各产业及城乡居民生活用电情况如图 1-2 所示。从用电结构来看，2019

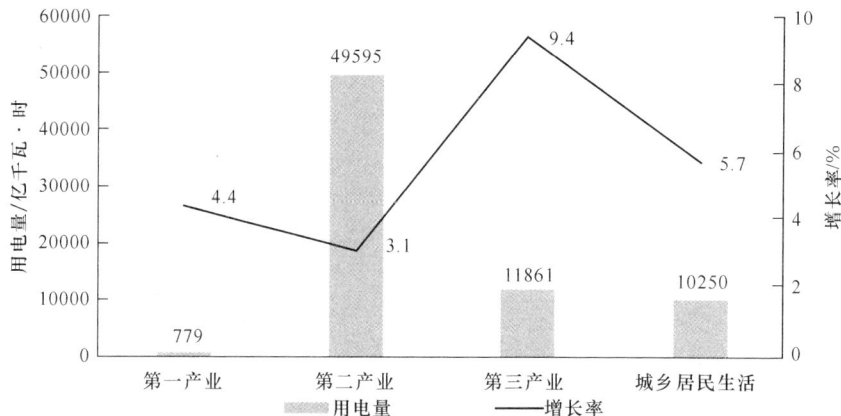

图 1-2 2019 年各产业及城乡居民生活用电情况

❶ 本节部分数据来自中国电力企业联合会报表。

年第一、第二、第三产业和城乡居民生活用电量占全社会用电量的比重分别为1.1%、68.4%、16.4%和14.1%。第二产业用电量增速3.1%，拉动全社会用电量增长2.1个百分点，第三产业用电量增速9.4%，拉动全社会用电量增长1.5个百分点，第三产业对全社会用电量的拉动作用不断增强。

2019年全国工业用电量48705亿千瓦·时，同比增长2.9%，占全社会用电量的比重为67.2%。2019年工业用电量构成如图1-3所示。

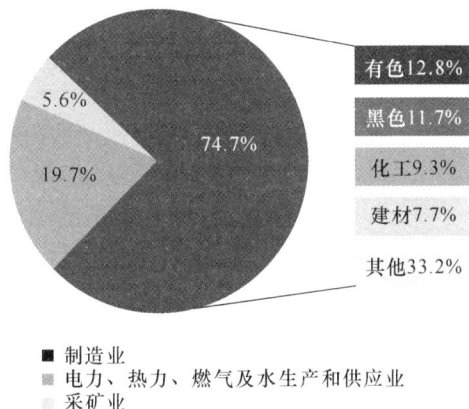

图1-3　2019年工业用电量构成

其中，制造业用电量36383亿千瓦·时，同比增长2.9%。化学原料及化学制品制造（化工）用电量4506亿千瓦·时，同比下降1%；非金属矿物制品业（建材）用电量3761亿千瓦·时，同比增长7.1%；黑色金属冶炼及压延加工用电量5682亿千瓦·时，同比增长4.6%；有色金属冶炼及压延加工业用电量6215亿千瓦·时，同比降低0.9%。四大高耗能产业合计用电量20164亿千瓦·时，同比增长2%。

2018年、2019年分区域用电量及其增速如图1-4所示。分区域看，我国电力消费主要在集中在中东部地区，用电量排名前列的广东、江苏、山东、浙江、河北五个省份用电量占全国比重近40%。2019年，华北、华中、华东和南方区域全社会用电量均超过1万亿千瓦·时，四个区域合计占全社会用电量的82.2%。东北地区全社会用电量4930亿千瓦·时，为六大区域最低。

从产业结构来看，西北和华北第二产业用电量占比均超过70%，西北地区主要的电量增长极在第二产业，城乡居民用电和第三产业用电比例均位于各区域最低。2019年，各区域第三产业用电量占比均比去年有所提高，全国用电结构持续优化。

2019年，广东、江苏、山东、浙江、福建、河南、河北、新疆、四川、辽

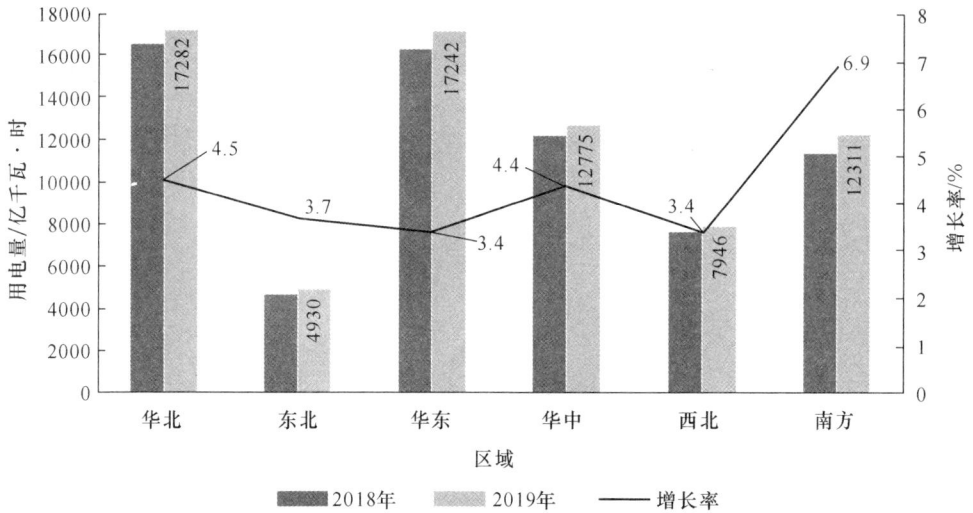

图 1-4　2018 年、2019 年分区域用电量及其增速

宁、安徽、山西、湖北、内蒙古共 14 个省（自治区）全社会用电量超过 2000 亿千瓦·时。2019 年，除青海、河南、甘肃外，其他省全社会用电量均实现正增长。14 个省（自治区）的增速高于全国水平，这 14 个省（自治区）分别是西藏、广西、四川、内蒙古、海南、云南、安徽、江西、湖北、湖南、新疆、广东、河北和山西。

2019 年，全国最高用电负荷 105321 万千瓦，同比增长 6.3%（出现在 7 月份）。我国用电负荷呈现冬夏两高的特征，分区域最高用电负荷如图 1-5 所示，东北和西南区域仅为 6000 万千瓦，而华北、华东地区已经突破 24000 万千瓦。

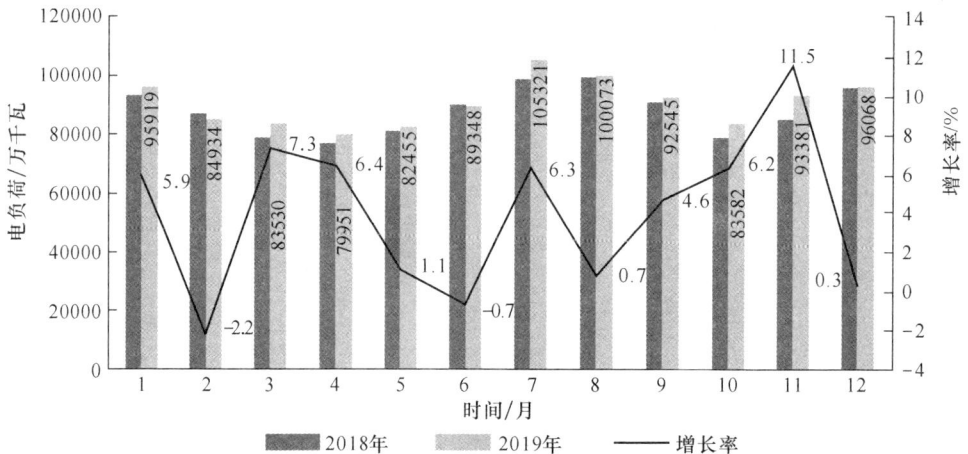

图 1-5　2018 年、2019 年分月份最高用电负荷及增速
（数据来源于国家电力调度控制中心旬报）

2019 年全国电力供需基本平衡，蒙西、冀北、辽宁、浙江、江西、湖北等地在局部时段有有序用电措施，东北西北地区电力供应能力富余。

二、电力投资与建设情况

（一）电源建设情况

2019 年底，全国发电装机容量 201006 万千瓦，同比增长 5.8%。全国人均装机容量 1.44 千瓦/人，其中火电装机 118957 万千瓦，水电装机 35804 万千瓦，风电装机 20915 万千瓦，光伏装机 20418 万千瓦，核电装机 4874 万千瓦，其他装机 37 万千瓦。

2019 年，全口径发电量 73269 亿千瓦·时，同比增长 4.7%。其中，火电发电量 50465 亿千瓦·时，水电发电量 13201 亿千瓦·时，风电发电量 20915 亿千瓦·时，光伏发电量 2240 亿千瓦·时，核电发电量 3487 亿千瓦·时，其他发电量 3.2 亿千瓦·时。

2019 年，全国 6 兆瓦以上发电设备利用小时数 3828 小时，同比下降 52 小时。其中火电利用小时数 4307 小时，水电利用小时数 3697 小时，风电利用小时数 2083 小时，光伏利用小时数 1291 小时，核电利用小时数 7394 小时。

2019 年，全国抽水蓄能装机容量 3029 万千瓦，同比增长 1%，抽水蓄能发电量 319 亿千瓦·时，同比下降 3%。

全国煤电装机比重不断下降，电源结构进一步优化。燃煤发电装机容量比重从 2010 年的 66.9% 下降到 2019 年的 51.8%。

2019 年，全国非化石能源发电装机容量 84410 万千瓦，同比增长 8.8%，占全国发电装机容量的比重为 42%，非化石能源发电量 23930 亿千瓦·时，同比增长 10.6%。新能源装机容量 41333 万千瓦，同比增长 15.3%，新能源发电量 6293 亿千瓦·时，同比增长 15.9%。

华北、东北区域以火电和风电装机为主，两者分别占发电装机总量的 86%、83.4%。华东区域以火电和核电为主，两者占发电装机总量的 75.9%。华中、南方和西北区域以火电和水电为主，两者分别占发电装机总量的 86.3%、73.6%、65.1%。

2010—2019 年全国发电装机容量及增速如图 1-6 所示。

2019 年，全国发电装机容量超过亿千瓦的省份有山东、江苏、内蒙古和广东，其中山东装机规模最大，为 14044 万千瓦；全国水电装机前三位的省份为四川、云南和湖北，分别为 7846 万千瓦、6873 万千瓦和 3679 万千瓦；全国火电装机前三位的省份为山东、江苏和内蒙古，分别为 10713 万千瓦、10050 万千瓦和 8721 万千瓦；全国燃气发电装机前三位的省份分别是广东、江苏和浙江；全国

图 1-6　2010—2019 年全国发电装机容量及增速

生物质发电装机前三位的省份分别是山东、广东和江苏；全国核电装机前三位的省份是广东、浙江和福建，分别为 1416 万千瓦、908 万千瓦和 871 万千瓦；全国风电装机前三位的省份分别是内蒙古、新疆和河北；全国光伏装机前三位的省份分别为山东、江苏和河北。

2019 年，全国弃风电量 169 亿千瓦·时，同比减少 108 亿千瓦·时，平均弃风率 4%。弃风电量最多的省（自治区）分别是新疆、内蒙古、甘肃。全国弃光电量 46 亿千瓦·时，平均弃光率 2%，主要集中在西北地区。

(二) 电网建设

截至 2019 年底，全国 35 千伏及以上输电线路长度 193.5 万千米，同比增长 3.4%。35 千伏及以上变电容量 65.3 万千伏安，同比增长 7.6%。

截至 2019 年底，全国跨区输电能力 14815 万千瓦，其中网对网输电能力 13481 万千瓦，点对网输电能力 1334 万千瓦。2019 年，全国跨区输电 5404 亿千瓦·时，同比增长 12.2%。

2006—2019 年跨区送电量及增速如图 1-7 所示。

西北、华中和西南是主要的电力外送区域，西北风电光伏和西南的水电在三华电网的电力平衡中发挥了重要的作用。

由表 1-3 可知，2019 年全国特高压输电电量为 4927 亿千瓦·时。

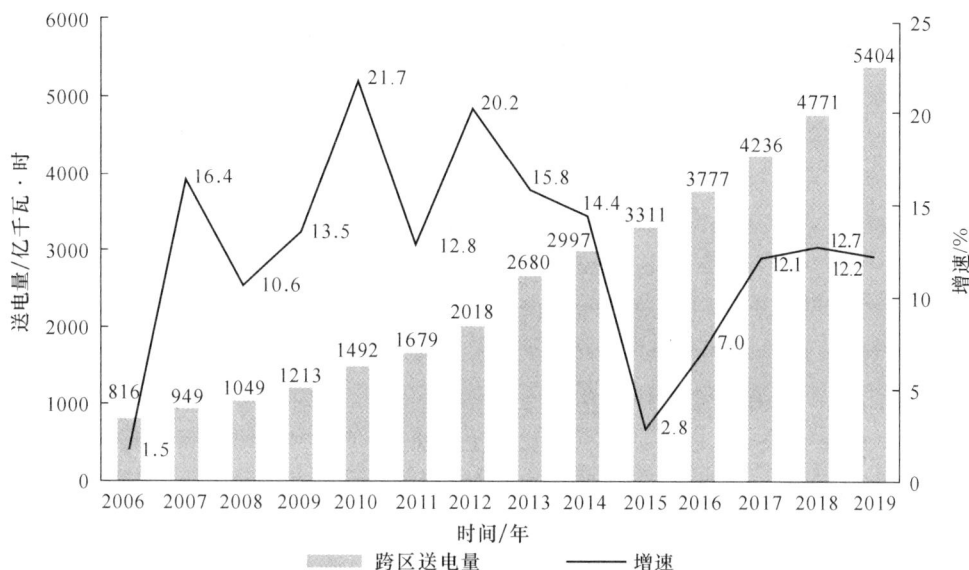

图 1-7 2006—2019 年跨区送电量及增速

表 1-3 2019 年全国特高压输电电量

通　　道		输电电量/亿千瓦·时
合　　计		4927
交流特高压	小计	1053
	晋东南—南阳—荆门	39
	淮南—南京—上海	282
	浙北—福州	170
	锡盟—山东	355
	蒙西—天津南	72
	榆横—潍坊	135
直流特高压	小计	3874
	复奉直流	302
	锦苏直流	366
	天中直流	415
	宾金直流	341
	灵绍直流	415
	祁韶直流	179
	雁淮直流	253

通 道		输电电量/亿千瓦·时
直流特高压	锡泰直流	94
	鲁固直流	236
	昭沂直流	355
	吉泉直流	147
	楚穗直流	283
	普侨直流	217
	新东直流	271

2019 年，全国跨省输出电量 14441 亿千瓦·时，同比增长 11.4%。其中，内蒙古外送电量 2082 亿千瓦·时，四川外送电量 1329 亿千瓦·时，云南外送电量 1197 亿千瓦·时，山西外送电量 936 亿千瓦·时。

宁夏外送电量占总发电量的比重最高，为 53.6%，其次为云南，为 48%。

2019 年，全国净输入电量前三位的省份分别为广东、江苏和浙江，分别为 1844 亿千瓦·时、1202 亿千瓦·时和 1163 亿千瓦·时。北京净输入电量占全社会用电量的比重达到 60%，上海净输入电量占全社会用电量的比重达到 47%。

第四节　电力体制改革

一、电力市场建设

（一）电力交易机构独立规范运行

2015 年，国家发改委、国家能源局印发《关于电力交易机构组建和规范运行的实施意见》后，全国成立北京、广州两个区域电力交易中心，33 个省级电力交易中心。2018 年以前，国家电网经营区域电力交易中心除了重庆、山西、湖北以外，其他电力交易中心和蒙西电力交易中心都是省公司的全资子公司；南方电网经营区域电力交易中心都是电网企业相对控股的方式。

2018 年，国家发改委、国家能源局印发《关于推进电力交易机构规范化建设的通知》，要求非电网企业资本股比不低于 20%，鼓励按照非电网企业股比 50% 进行股份制改造。2020 年 2 月，提出 2020 年底电网企业持股比例降至 50% 以下。

2020 年底，除了蒙西电力交易中心外，国家电网和南方电网经营区域内电力交易中心均采用股份制公司的形式，电网公司相对控股。

电力交易中心的发展方向如下。

（1）股权多元化。电力交易中心是政府为了规范电力交易行为，保障电力交易的公开透明成立的非营利机构，其职能决定了采用股权多元化的方式更能够保障交易的公平，保障市场各交易主体的对等关系。交易中心从相对独立转变为独立规范。

（2）市场管理委员会机制。电力交易中心组建的市场管理委员会有维护市场主体的合法权益、优化市场交易规则和引导市场健康发展的作用，市场管理委员会由电网企业、发电企业、售电公司等多方代表共同组建，具有一定的中立性和权威性，对于市场发展方向和组织情况具有很强的指导作用。

（3）有效监管。电力交易机构的多元化决定了对于电力交易的业务流程、信息披露等有了更为严格的监管，将来电力交易流程将更加规范、可靠、高效。

（二）交易情况

2016 年，全国电力市场化交易电力突破 10000 亿千瓦·时，2017 年达到 16324 亿千瓦·时，2018 年突破 20000 亿千瓦·时。2019 年，全国省内市场交易电量 23016 亿千瓦·时，省间市场交易电量 5328 亿千瓦·时。省内交易以直接交易为主，电量约 20000 亿千瓦·时，占比 88.2%；发电权交易为辅，电量 2493 亿千瓦·时，占比 10.8%；其他交易占比 1%。省间交易以省间外送交易为主，电量 3586 亿千瓦·时，占比 67.3%；电力直接交易电量 1458 亿千瓦·时，占比 27.36%。

国家电网经营区域市场化交易电量占全社会用电量的比例为 38%，南方电网经营区域市场交易电量占比为 40.8%，蒙西电网经营区域市场交易电量占比为 56.3%。国网经营区域内省间交易占比为 23%，远高于南方电网和蒙西电网的省间交易比例。

（三）中长期交易

电力中长期交易指发电企业、电力用户、售电公司等市场主体，通过双边协商、集中交易等市场化方式，开展的多年、年、季、月、周、多日等电力批发交易。市场成员包括各类发电企业、电网企业、配售电企业、电力交易机构、电力调度机构、电力用户、储能企业等。中长期交易是电力市场的压舱石，电力市场交易电量中的大部分都要通过中长期交易来实现，中长期交易合同是撮合、协商、摘牌的结果，不能强制签署，不能走到极端程度，回到过去的计划小时数时代。

参加市场化交易（含批发、零售交易）的电力用户全部电量需通过批发或者零售交易购买，且不得同时参加批发交易和零售交易。所有参加市场化交易的电力用户均不再执行目录电价。市场用户的用电价格由电能量交易价格、输配电价格、辅助服务费用、政府性基金及附加等构成，电力中长期交易现阶段主要开展电能量交易，灵活开展发电权交易、合同转让交易，根据市场发展需要开展输电权、容量等交易。电能量交易包括集中交易和双边协商交易两种方式。其中，集中交易包括集中竞价交易、滚动撮合交易和挂牌交易三种形式。集中竞价交易指设置交易报价提交截止时间，电力交易平台汇总市场主体提交的交易申报信息，按照市场规则进行统一的市场出清，发布市场出清结果。滚动撮合交易是指在规定的交易起止时间内，市场主体可以随时提交购电或者售电信息，电力交易平台按照时间优先、价格优先的原则进行滚动撮合成交。挂牌交易指市场主体通过电力交易平台，将需求电量或者可供电量的数量和价格等信息对外发布要约，由符合资格要求的另一方提出接受该要约的申请。集中竞价交易可采用边际出清或者高低匹配等价格形成机制；滚动撮合交易可采用滚动报价、撮合成交的价格形成机制；挂牌交易采用一方挂牌、摘牌成交的价格形成机制。

对于优发电量，采用"保量保价"和"保量竞价"相结合的方式，推动优先发电参与市场，不断提高跨区跨省优先发电中"保量竞价"的比例，应放尽放，实现优先发电与优先购电规模相匹配。近年来，中长期交易不断成熟，交易品种不断完善，以集中竞价、双边协商、挂牌交易等方式形成的年、季、月、月内等多时间维度的中长期交易普遍开展。

在省间交易方面，北京交易中心组织了省间双挂双大水电偏差调整等交易品种，促进了电力的发范围优化配置；广州电力交易中心组织了云南送海南、广西送广东等市场化交易，支持了粤港澳和海南自贸区的发展。省内交易方面，各省根据能源结构特点和负荷特性，推动清洁能源供暖、电能替代、大数据云计算全电量交易等政策纷纷出台，促进了省内市场的成熟。

2020 年，国家发改委、国家能源局印发《关于做好 2021 年电力中长期合同签订工作的通知》，提出了中长期合同"六签"要求。一是全签，即用户签约电量不低于上一年实际用电量的 95% 或前三年用电量平均值，生产经营调整较大的用户可适当放宽至不低于 90%；二是长签，即按年度签订合同，鼓励签订 2~3 年甚至更长周期的合同；三是见签，即引入电网企业参与签约，引入信用监管机构见证签约；四是分时段签，即要按 10 个左右分时段签订合同；五是规范签，即要出台合同范本并推广应用；六是电子签，即推进线上签订电子合同。

（四）现货市场

1. 广东现货市场

2017 年 9 月，国家发改委、国家能源局印发《关于开展电力现货市场建设试点工作的通知》，选择南方、蒙西等单位作为第一批现货市场试点建设单位。2018 年 8 月，南方能源监管局、广东省经济和信息化委、广东省发展改革委联合发布《关于征求南方（以广东起步）电力现货市场系列规则》，以广东起步，是我国第一个电力现货市场交易规则。

广东现货市场采用集中式电力市场模式，以中长期差价合同管理市场风险，配合现货交易采用全电量集中竞价。现货市场采用发电侧报量保价，用户侧报量不报价的模式，发电机组在日前电能量市场中申报运行日的报价信息和交易电力意愿信息，售电公司和批发用户在日前电能量市场中申报运行日的用电需求信息。广东现货市场正逐步向发电侧报量报价，用户侧报量报价的方向进行发展。

在日前电能量市场中，广东的出清模式为全电量申报、集中优化出清，调度机构综合考虑边界条件和约束条件，以社会福利最大化为目标，采用安全约束机组组合和安全约束经济调度进行集中优化计算，出清得到运行日的机组开机组合、分时电力曲线和分时节点电价，形成日前交易结果和日前调度计划。

在实时电能量市场中，运行前 15 分钟，电力调度进行实时电能量市场出清。实时电能量市场以发电成本最小化为优化目标，采用安全约束经济调度算法进行集中优化计算，出清得到各发电机组的发电计划曲线和电价。广东日前和实时电能量市场均采用节点电价定价机制，发电侧按照所在节点电价进行结算，用户侧按照全市场各节点的加权平均综合电价进行结算。阻塞盈余电费纳入不平衡资金池，以月度为周期由用户侧市场主体按比例分摊或者返还。2019 年 5 月 15—16 日，广东电力现货市场开始结算试运行。

2. 浙江现货市场

浙江现货市场采用集中式模式，实行全电量竞价上网边际电价出清。浙江采用发电侧和用户侧均报量报价的双边竞价模式，参与现货交易的发电厂和电力用户均在日前申报电能和价格曲线，浙江给予社会福利最大化的目标函数进行优化出清。

日前市场发电侧按照市场出清电量结算，用电侧按照申报电量结算，实时市场发电侧按照机组实际发电上网市场电量结算，用电侧按参与市场的用户实际电量结算。发电侧采用节点电价，用电侧采用负荷中心电价。

3. 四川现货市场

四川现货市场采用集中式模式，采用发电侧报量报价，用户侧报量不报价的单边竞价方式。四川特殊的情况是非水清洁能源机组、燃气机组全年不参与现货市场竞价，水电机组弃水期参与省内现货市场竞价，燃煤火电机组非弃水期参与省内现货市场竞价。

日前市场出清以全网购电成本最小为目标，考虑电力平衡、电网运行安全等进行市场出清计算，结算采用系统边际电价。实时市场也以全网购电成本最低为目标，以集中优化统一出清的方式形成发电计划和出清电价，结算采用系统边际电价。

4. 蒙西现货市场

蒙西现货市场采用分散式的市场模式，形成以中长期交易为主，现货交易为补充的市场架构。蒙西现货市场发电侧和用电侧均报量报价。蒙西现货市场包括日前电能量交易、日内电能量交易和实时电能量交易。

日前交易以中长期日分解曲线为初始点，以系统运行综合效益最大化为目标，考虑发供平衡、系统备用等条件进行优化出清。日内交易以 4 小时为周期，在日前交易的基础上，以日内超短期预测为边界，以系统运行综合效益最大为目标，形成计划曲线。实时交易在日内交易的基础上，以全网计划运行曲线调整成本最小为目标，考虑超短期预测结果，15 分钟出清一次形成计划曲线。

（五）辅助服务市场

电力市场辅助服务是指为维护电力系统的安全稳定运行，保证电能质量，除正常电能生产、输送、使用外，由发电企业、电网经营企业和电力用户提供的服务，包括一次调频、自动发电控制、调峰、无功调节、备用、黑启动等。

（1）频率控制（负荷跟踪）处理较小的负荷与发电的不匹配，维持系统频率，以使控制区内负荷与发电的偏差及控制区之间的交换功率实际值与计划值的偏差为最小，基本上是实时的。

（2）可靠性备用（旋转备用和快速启动机组）由于发电或输电系统故障，使负荷与发电发生较大偏差时，10 分钟内可以提供急需的发电容量（增加/降低），恢复负荷跟踪服务的水平。

（3）非旋转备用（运行备用）30 分钟内可以满发的发电备用容量，包括发电机容量和可间断电负荷，用于提高恢复可靠性备用的水平。

（4）无功备用/电压控制/无功优化通过发电机或输电系统中的其他无功源向系统注入或从系统吸收无功，以维持输电系统的电压在允许范围内。

（5）发电再计划（reschedule）/再分配（redispatch）对于较大的发电负荷偏差，调度中心要重新安排各机组出力。

（6）能量不平衡补偿实际的交易量与计划交易量的差额。

（7）网损补偿输电时造成的功率损耗通过此项服务来补偿。

（8）事故恢复服务（restorationservice）提供重大事故发生后系统恢复所需的功率。

（9）稳定控制服务 FACTS、PSS、ASG 等。

（10）其他。

基本辅助服务包括一次调频、基本调峰和基本无功调节。有偿辅助服务包括自动发电控制、有偿调峰、旋转备用补偿、有偿无功调节和黑启动。

我国电力辅助服务市场始于 2006 年，国家电力监管委员会制定了《并网发电厂辅助服务管理暂行办法》，六个区域电监局在 2009 年制定并印发了《发电厂并网运行管理实施细则》和《并网发电厂辅助服务管理实施细则》并在 2010 年开始逐步实施。

2017—2018 年，储能正式进入辅助服务市场。

东北电力辅助服务市场包含实时深度调峰、可中断负荷调峰、电储能调峰、火电停机备用调峰、火电应急启停调峰和跨省调峰等。实时深度调峰交易是火电厂开机机组在日内调减出力，使火电机组负荷率小于或等于有偿调峰基准提供辅助服务的交易。购方是风电、核电及出力未减到有偿调峰基准的火电机组。实时深度调峰交易采用阶梯式报价方式和价格机制，发电企业在不同时期分两档浮动报价，见表 1-4。

表 1-4　不同时期发电企业报价

时期	报价档位	火电厂类型	火电厂负荷率	报价下限 /元·（千瓦·时）$^{-1}$	报价上限 /元·（千瓦·时）$^{-1}$
非供热期	第一档	纯凝火电机组	40%<负荷率≤50%	0	0.4
		热电机组	40%<负荷率≤48%		
	第二档	全部火电机组	负荷率≤40%	0.4	1
供热期	第一档	纯凝火电机组	40%<负荷率≤48%	0	0.4
		电机组	40%<负荷率≤50%		
	第二档	全部火电机组	负荷率≤40%	0.4	1

可中断负荷是具有电蓄热设施并在电网低谷时段用电，能够在负荷侧为电网提供调峰辅助服务的用电负荷项目。

辅助服务可以分为双边交易和集中交易，双边交易中交易双方需要向交易平台提供包含交易时段、15 分钟用电电力曲线、交易价格等内容的交易信息，由电力调度机构进行安全核查后确认，集中交易为风电企业按照价格由高到低排序，可中断用户按照价格由低到高排序，按照正价差由大到小的顺序匹配成交，直到价差为零或者一方全部成交。

电储能调峰是指蓄电设置在低谷或者清洁能源弃电期间吸收电力，在其他时段释放电力，从而提供调峰辅助交易，电储能可以在电源侧或者负荷侧提供调峰辅助服务。

黑启动服务是电力系统大面积停电后，在没有外界电源支持的情况下，由具备自启动功能的发电机组提供恢复系统的服务。

辅助服务市场作为电力市场的重要组成部分，其主要目的就是通过经济手段促进发电侧和用电侧市场主体积极参与电力系统调整，保障电力系统的安全稳定运行。

未来，辅助服务的发展方向将更加明确，主要体现在以下几个方面。

（1）积极探索辅助服务开展的可行性，丰富市场交易品种，实现更大范围的资源优化配置。

（2）以省内调峰辅助服务市场和跨省电力调峰辅助服务市场建设为重点，以挖掘火电深度调峰的潜力。

（3）通过合理的经济手段进一步激发发电企业参与辅助服务的积极性，提高辅助服务能力，丰富电力调度手段，减轻电网调度压力，为电力系统稳定提供市场支撑。

（4）建立合理的辅助服务成本分摊和辅助服务补偿机制，激励储能、可中断负荷等新型能量管理对象进入辅助服务市场。

（5）合理确定辅助服务价格标准，逐步从行政定价向市场定价转变，降低系统辅助服务综合成本。

（六）发用电计划放开

在计划经济阶段，所有的电力从生产到分配的环节都是严格按照计划执行，政府作为计划的制定者完全掌控电力生产消费的全链条，没有市场的调节机制。电改的目的就是引入市场，走市场化的电力发展之路，发挥政府和市场两只手相互制约和平衡。为了刺激市场的作用，必须进行用电计划的改革。主要体现四个方面。

（1）有序缩减发用电计划。根据市场发育程度，直接交易的电量和容量不再纳入发用电计划；鼓励新增工业用户和新核准的发电机组积极参与电力市场交易，其电量尽快实现以市场交易为主。

（2）完善政府公益性调节性服务功能。政府保留必要的公益性调节性发用电计划，以确保居民、农业、重要公用事业和公益性服务等用电，确保维护电网调峰调频和安全运行，确保可再生能源发电依照规划保障性收购。

（3）进一步提升以需求侧管理为主的供需平衡保障水平。政府有关部门要按照市场化的方向，从需求侧和供应侧两方面入手，搞好电力电量整体平衡。常态化、精细化开展有序用电工作，有效保障供需紧张下居民等重点用电需求不受影响。

（4）建立优先发电制度保障清洁能源发电有限上网，优先安排风能、太阳能、生物质能等可再生能源保障性发电，优先发电容量通过充分安排发电量计划并严格执行予以保障。

《关于有序放开发用电计划的实施意见》进一步明确了发用电计划改革的总体思路：

（1）通过建立优先购电制度保障无议价能力的用户用电；

（2）通过建立优先发电制度保障清洁能源发电、调节性电源发电优先上网；

（3）通过直接交易、电力市场等市场化交易方式，逐步放开其他的发用电计划。

在保证电力供需平衡、保障社会秩序的前提下，实现电力电量平衡从以计划手段为主平稳过渡到以市场手段为主，并促进节能减排。

为保障无议价能力的用户用电，《关于有序放开发用电计划的实施意见》明确了建立优先购电制度的要求，提出了四项保障措施。

（1）发电机组共同承担。优先购电对应的电力电量由所有公用发电机组共同承担，相应的销售电价、上网电价执行政府定价。

（2）加强需求侧管理。在负荷控制系统、用电信息采集系统基础上，建立完善国家电力需求侧管理平台；在前期试点基础上，逐步形成占最大用电负荷3%左右的需求侧机动调峰能力，保障轻微缺电情况下的电力供需平衡。

（3）实施有序用电。制定有序用电方案；出现电力缺口或重大突发事件时，对优先购电用户保障供电，其他用户按照有序用电方案确定的顺序及相应比例分担限电义务。

（4）加强老少边穷地区电力供应保障。加大相关投入，确保无电人口用电全覆盖。

为保障清洁能源发电、调节性电源发电优先上网，《关于有序放开发用电计划的实施意见》明确了建立优先发电制度的要求，提出了四项保障措施。

（1）留足计划空间。《关于有序放开发用电计划的实施意见》明确，各地安排年度发电计划时，要充分预留发电空间。其中，风电、太阳能发电、生物质发电、余热余压余气发电按照资源条件全额安排发电，水电兼顾资源条件、历史均值和综合利用要求确定发电量，核电在保证安全的情况下兼顾调峰需要安排发电。

（2）加强电力外送和消纳。《关于有序放开发用电计划的实施意见》提出，跨省跨区送受电中原则上应明确可再生能源发电量的比例。

（3）统一预测出力。《关于有序放开发用电计划的实施意见》明确，调度机构统一负责调度范围内风电、太阳能发电出力预测，并充分利用水电预报调度成果，做好电力电量平衡工作，在保证电网安全运行的前提下，促进清洁能源优先上网；面临弃水弃风弃光情况时，及时预告有关情况，及时公开相关调度和机组运行信息。

（4）组织实施替代，同时实现优先发电可交易。《关于有序放开发用电计划的实施意见》要求，修订火电运行技术规范，提高调峰灵活性，为消纳可再生能源腾出调峰空间。鼓励开展替代发电、调峰辅助服务交易。

二、输配电价改革

(一) 电价改革的主要内容

电价改革是电力体制改革的重要内容。《中共中央国务院关于进一步深化电力体制改革的若干意见》(中发〔2015〕9号)部署了单独核定输配电价、有序放开输配以外的竞争性环节电价的改革任务。《关于推进输配电价改革的实施意见》进一步明确,按照"准许成本加合理收益"原则,核定电网企业准许总收入和分电压等级输配电价,建立规则明晰、水平合理、监管有力、科学透明的独立输配电价体系。

单独核定输配电价是实现市场化交易的基础,是放开竞争性业务的前提,对于还原电力商品属性,全面实现电力体制改革目标具有重要意义。具体来说,主要体现四个方面。

(1) 降低企业和社会用电成本。改革后,输配电价相对固定,发电价格的波动将直接传导给售电价格。在电力供需较为宽松、煤价降低的情况下,拥有选择权的电力用户通过与发电企业直接交易,可以降低用电成本,从而为电力用户带来改革红利。

(2) 发挥价格调节供需的作用。价格信号的顺畅传导将形成消费带动生产、生产促进消费的良性循环。就电力生产而言,"以销定产"将抑制发电企业的盲目扩张冲动;就电力消费而言,市场化的定价机制将有效抑制不合理的用电需求。

(3) 规范电网企业运营模式。改革后,电网企业按照政府核定的输配电价收取过网费,不再以上网电价和销售电价的价差作为主要收入来源,可以保证其向所有用户公开开放、改善服务。

(4) 加强对电网企业的成本约束。通过严格审核电网企业准许成本,可以促进电网企业改进管理,核减不合理支出,抑制不合理投资,降低成本,提高效率,增加社会福利。

为了实现以上目标,输配电价改革势在必行,输配电价改革主要从下面三个方面开展。

(1) 单独核定输配电价。政府定价的范围主要限定在重要公用事业、公益性服务和网络自然垄断环节。政府主要核定输配电价,并向社会公布,接受社会监督。输配电价逐步过渡到按"准许成本加合理收益"原则,分电压等级核定。用户或售电主体按照其接入的电网电压等级所对应的输配电价支付费用。

(2) 分步实现公益性以外的发售电价格由市场形成。放开竞争性环节电力价格,把输配电价与发售电价在形成机制上分开。参与电力市场交易的发电企业上网电价由用户或售电主体与发电企业通过协商、市场竞价等方式自主确定。其他没有参与直接交易和竞价交易的上网电量，以及居民、农业、重要公用事业和公益性服务用电，继续执行政府定价。

（3）妥善处理电价交叉补贴。结合电价改革进程，配套改革不同种类电价之间的交叉补贴。过渡期间，由电网企业申报现有各类用户电价间交叉补贴数额，通过输配电价回收。

为加快推进输配电价改革，《关于推进输配电价改革的实施意见》提出了四个方面的具体措施。

（1）逐步扩大输配电价改革试点范围。在深圳市、内蒙古自治区西部率先开展输配电价改革试点的基础上，将安徽、湖北、宁夏、云南、贵州省（区）列入先期输配电价改革试点范围。《关于推进输配电价改革的实施意见》同时明确，凡开展电力体制改革综合试点的地区，直接列入输配电价改革试点范围。鼓励具备条件的其他地区开展试点，尽快覆盖到全国。

（2）认真开展输配电价测算工作。对试点地区，国家发展改革委统一组织成本监审，按照已出台的《输配电定价成本监审办法》，严格核减不相关、不合理的投资和成本费用；对非试点地区，在开展成本调查的基础上，以有效资产为基础测算电网准许总收入和分电压等级输配电价。

（3）分类推进交叉补贴改革。结合电价改革进程，配套改革不同种类电价之间的交叉补贴，逐步减少工商业内部交叉补贴，妥善处理居民、农业用户交叉补贴。

（4）明确过渡时期电力直接交易的输配电价政策。已制定输配电价的地区，电力直接交易按照核定的输配电价执行；暂未单独核定输配电价的地区，可采取保持电网购销差价不变的方式，即发电企业上网电价调整多少，销售电价调整多少，差价不变。

对于政府性基金及交叉补贴，现行机制下，我国销售电价中包含国家重大水利工程建设基金、农网还贷资金、可再生能源发展基金、大中型水库移民后期扶持资金和城市公用事业附加费等政府性基金以及与产业政策相符合的政策性交叉补贴，电价客观上存在工商业补贴居民、城市补贴农村、高电压等级补贴低电压等级等政策性交叉补贴的情况。适度的交叉补贴，有利于落实国家宏观政策，保障电力普遍服务；但如果交叉补贴过重，则不利于引导用户合理消费和公平负担。

为此，中发〔2015〕9号文件提出，妥善处理电价交叉补贴，结合电价改革进程，配套改革不同种类电价之间的交叉补贴，确保居民、农业、重要公用事业和公益性服务等用电价格相对平稳。

《关于推进输配电价改革的实施意见》进一步明确了操作性要求，即：

（1）过渡期间，由电网企业申报现有各类用户电价间交叉补贴数额，经政府价格主管部门审核后通过输配电价回收；

（2）输配电价改革后，根据电网各电压等级的资产、费用、电量、线损率等情况核定分电压等级输配电价，测算并单列居民、农业等享受的交叉补贴，以及工商业用户承担的交叉补贴。

（二）我国的电价体系

当代社会，电能在终端能源的占比越来越高，电能的商品属性也越来越明显。电能区别于一般商品具有以下特征。

（1）电能具有实时性。电能尚未实现大量储存，这就需要电能的生产、运输、消费都同时完成，不像大众商品一样，中间有仓储、运输、配送、分销等多个环节，电能的市场环节较少。这就决定了电能的自然垄断性质，电能从生产到销售到使用，经手人较少，容易形成垄断市场，竞争属性难以形成。

（2）电能具有同质性。任何一家发电厂，无论是火电、风电还是光伏，发出的电能本质上都是一样的，电能的电压、频率等最主要特征由发电厂、电网和电力用户共同决定，因此电能不存在明显的商品属性，不像巧克力、方便面一样，可以制定口味、满足不同人群的个性化需求。

（3）电能具有服务弱化性。服务在电能商品性上分量较轻，只要电网接入用户，那么用户就按照约定使用电能，后期的投入和服务保障内容较少且难以体现在电能的价值中，除了具有高可靠性供电要求的企业外，电能用户对于服务的要求并不高。

电能的基本属性表明电能既有商品性，又有技术性，这些共同决定了电能的定价一般商品定价不同，与实物商品定价具有明显区别。

电价是指电力商品对应的价格，包含上网电价、输配电价、销售电价等。

1. 电价体系分类

不同电力体制下，电价体系也不同。

在垂直一体化电力体制下，发输配都是电力企业内部成本，价格体制中只有销售电价一种形式，往往采用政府定价的方式确定。

在厂网分开，统购统销的电力体制下，发电环节相对独立，形成上网电价，输配售环节为电网公司内部成本，价格体系中包含上网电价和销售电价。

在厂网分开，配售分离的电力体制下，发电环节独立，形成上网电价，售电环节放开，形成销售电价，输配环节属于电网公司内部成本，单独核算输配电价，因此电价体系包含上网电价、输配电价和销售电价。

在厂网分开，输配分离的电力体制下，发电环节独立，形成上网电价，售电环节放开，形成销售电价，输电和配电单独核算，因此电价体系中包含上网电价、输电价格、配电价格和销售电价。

2. 我国电价体系

上网电价是指发电厂与购电方进行上网电能结算的价格。在 2002 年以前，售电侧尚未放开，发电厂的主要交易对象是电网公司，上网电价指的是电网公司从发电企业购电的价格，通常是由政府定价的，比如以前的标杆电价。售电侧放开以后，电力用户可以与发电企业进行直接交易，其上网电价为二者市场交易的出清价格，标杆电价相应取消，出清价格体现的是电能的实际商品价值，是发电企业成本和利润的加成。

输配电价是指电网企业提供接入、输电和配电服务的价格，反映的是电能的传输成本。由于资源分布的不均衡性，发电厂和用电用户往往不在同一个地区，甚至不在同一省、同一地市，此时就需要进行电能的传输，电网企业因此要收取一定的输配费用，用来覆盖电网的建设、运维、运营等成本，并取得一定的利润。接入服务是指电网企业为电力用户和发电企业提供的接入电网的服务；输电是指利用 220 千伏以上高压电网进行电能远距离输送的服务，其中包括跨省跨区输电服务；配电服务是指电网企业从发电企业购买电能以后，通过各级配电装置（变压器和配电线路）等将电能输送给电力用户的服务。

销售电价是指电网企业或者售电公司向终端用户销售电能的价格。销售电价是电能在生产、传输和消费过程中发生的所有费用在终端用户的体现。销售电价面对市场用户和非市场用户，其销售电价的定价方式不同，市场用户采用市场交易的方式形成，非市场用户采用政府核定的方式形成。

3. 电价构成

电力用户支付的电价不是一个"一口价"，而是由多个部分组合相加构成的。主要包含以下几个方面。

（1）成本。成本是指产生电力产品、提供电力服务的成本。上网电价的成本包含资产折旧费、设备运维费、人工费、材料费、燃料费用等，输配电价的成本包含资产折旧费、设备运维费、人工费、材料费等，销售电价的成本包含上网电价的成本、输配电价的成本和电力销售服务的成本。

（2）收益。收益是指电力企业，包含发电企业、电网企业、售电企业应该获得的合理利润。电力企业的收益水平往往由政府管控；同时受政府影响，近年来电煤价值指数持续上岗，火电企业亏损严重，就是市场的影响，政府出台政策火电上网电价上浮 10%。

（3）税金。税金是根据税法要求设置的与电价相关的税种。我国电价主要包含增值税，是一种价内税，一些国家体现为消费税，为价外税。

（4）电费附加。电费附加是从电价中征收的政府性基金及附加资金，用来某些服务项目或者行业发展的成本补偿。我国随价征收的政府基金及附加有国家重大水利工程建设基金、水库移民后期扶持基金、农网还贷基金（2021 年 1 月取消）、可再生能源电费附加、城市公共事业附加（2017年4月取消）。国家重大水利工程建设基金的设立是为了支持南水北调工程、解决三峡工程后续问题和加强中西部重大水利工程建设，农网还贷基金主要是为了归还农网改造的贷款，水库移民后期扶持基金为了改善水库移民的生产生活条件，可再生能源电费附加是为了补偿可再生能源的发电成本。

4. 上网电价

上网电价通常可以分为一部制电价和两部制电价，多部制电价由于应用较少，在此不做探讨。一部制电价为单一电量电价，两部制电价为电量电价和容量电价的组合。我国上网电价绝大多数是为一部制电价，苏浙沪部分地区燃气机组执行两部制电价。电量电价为电能量交易市场的交易行为形成的电价，容量电价为发电容量市场形成的电价。

2004年以来，燃煤发电标杆上网电价及煤电价格联动机制逐步建立，并成为上网侧电价形成的重要基准，对规范政府定价行为、促进不同类型上网电价合理形成、优化电力行业投资、引导电力企业效率改善、推动电力上下游产业健康发展发挥了重要作用。近年来，随着电力市场化改革的不断深化，竞争性环节电力价格加快放开，现行燃煤发电标杆上网电价机制已难以适应形势发展，突出表现为不能有效反映电力市场供求变化、电力企业成本变化，不利于电力上下游产业协调可持续发展，不利于市场在电力资源配置中发挥决定性作用。

党中央、国务院关于电力体制改革和价格机制改革的相关文件明确提出，要坚持"管住中间、放开两头"，有序放开输配以外的竞争性环节电力价格；2018年，中央经济工作会议也明确要求提升电力市场化交易程度。当前，输配电价改革已经实现全覆盖，"准许成本+合理收益"的定价机制基本建立；各地电力市场化交易规模不断扩大，约50%的燃煤发电上网电量电价已通过市场交易形成，现货市场已开始建立；全国电力供需相对宽松、燃煤机组发电利用小时数低于正常水平，进一步深化燃煤发电上网电价形成机制改革已具备坚实基础和有利条件，应抓住机遇加快推进竞争性环节电力价格市场化改革。

2020年起，为稳步实现全面放开燃煤发电上网电价目标，将现行燃煤发电标杆上网电价机制改为"基准价+上下浮动"的市场化价格机制。基准价按当地现行燃煤发电标杆上网电价确定，浮动幅度范围为上浮不超过10%、下浮原则上不超过15%。对电力交易中心依照电力体制改革方案开展的现货交易，可不受此限制。国家发改委根据市场发展适时对基准价和浮动幅度范围进行调整。

现执行标杆上网电价的燃煤发电电量，具备市场交易条件的，具体上网电价由发电企业、售电公司、电力用户等市场主体通过场外双边协商或场内集中竞价（含挂牌交易）等市场化方式在"基准价+上下浮动"范围内形成，并以年度合同等中长期合同为主确定；暂不具备市场交易条件或没有参与市场交易的工商业用户用电对应的电量，仍按基准价执行。

燃煤发电电量中居民、农业用户用电对应的电量仍按基准价执行。

燃煤发电电量中已按市场化交易规则形成上网电价的，继续按现行市场化规则执行。

燃煤发电上网电价形成机制改革后，现行煤电价格联动机制不再执行。

上网电价执行"基准价+上下浮动"机制的配套措施包括以下几个方面。

（1）健全销售电价形成机制。通过市场化方式形成上网电价的工商业用户用电价格，包括市场化方式形成上网电价、输配电价（含交叉补贴和线损，下同）、政府性基金，不再执行目录电价。由电网企业保障供应的用户用电价格，继续执行各地目录电价。其中，居民、农业用电继续执行现行目录电价，确保价格水平稳定。

（2）稳定可再生能源发电价补机制和核电、燃气发电、跨省跨区送电价格形成机制。纳入国家补贴范围的可再生能源发电项目上网电价在当地基准价（含脱硫、脱硝、除尘电价）以内的部分，由当地省级电网结算，高出部分按程序申请国家可再生能源发展基金补贴。核电、燃气发电、跨省跨区送电价格形成机制等，参考燃煤发电标杆上网电价的，改为参考基准价。

（3）相应明确环保电价政策。执行"基准价+上下浮动"价格机制的燃煤发电电量，基准价中包含脱硫、脱硝、除尘电价。仍由电网企业保障供应的电量，在执行基准价的基础上，继续执行现行超低排放电价政策。燃煤发电上网电价完全放开由市场形成的，上网电价中包含脱硫、脱硝、除尘电价和超低排放电价。

（4）规范交叉补贴调整机制。以2018年为基数，综合考虑电量增长等因素，在核定电网输配电价时统筹确定交叉补贴金额，以平衡电网企业保障居民、农业用电产生的新增损益。

（5）完善辅助服务电价形成机制。通过市场机制形成燃煤机组参与调峰、调频、备用、黑启动等辅助服务的价格，以补偿燃煤发电合理成本，保障电力系统安全稳定运行。对于燃煤机组利用小时严重偏低的省份，可建立容量补偿机制，容量电价和电量电价通过市场化方式形成。

（三）输配电价体系

电力的发输变配售各个环节都最终将成本转嫁到用电客户上，为了规避输配环节自然垄断造成的全社会用能成本变化，输配电价格需要受到政府监管。

计划和市场是配置资源的两种手段，市场存在失灵的情况会导致资源配置的无效率。当出现市场失灵时，就需要政府干预，以矫正和改善市场机制存在的问题，优化资源配置，治理市场失灵。电力行业具有规模经济效益，具有自然垄断属性，由于电力用户使用电网的程度难以衡量，因此输配电价需要通过一定的经济方法进行测算并且由政府进行定价。

由于企业处于自然垄断的地位，如果政府不对价格进行有效的控制，垄断企业必然会把产量定在边际成本与边际收益的交点，价格定在未来获得垄断利润的点。根据福利经济学的基本理论，只有当价格等于边际成本时，社会总福利才最大；而如果按边际成本定价，企业必然亏损。在规模经济情况下，因为平均成本的不断下降，说明边际成本必然小于平均成本，边际成本定价必然使总成本大于总收入，这就是自然垄断理论中的定价矛盾。这一矛盾使社会陷入社会福利与企业利益之间进行取舍的两难状态，必须要由政府出面对价格进行监管，在社会福利和企业利益之间进行取舍，那么这就使政府对自然垄断的监管成为必要，进而明确了政府对这类企业拥有价格管控权，所以自然垄断企业的定价主体一定在政府而不在企业。

因此，政府对于输配电价要进行管制，对于自然垄断属性企业的管制主要有两种方法。

（1）投资回报率管制。该方法是控制企业的投资收益，投资回报率为企业税前利润与投资总额的比值。投资回报率管制一方面可以保证企业拥有一定的利润进行扩大再生产，也可以防止消费者受到垄断高价的影响。但是投资回报率管制也一定缺点，主要体现在一方面在企业投资额和成本的确认没有形成统一方法，对于成本的合理和公平性容易受到质疑，另一方面企业为了多赚钱就持续扩大投资，导致资金和资源的浪费。"准许成本＋合理收益"就是一种投资回报率管制的方法。

（2）激励性管制。该方法包括：价格上限管制，通过限定最高价格控制企业利润；收入上限管制，通过控制最高准许收入控制企业利润；标尺竞争法，通过与同类企业进行对比，确定成本，从而进行价格管制；特许投标法，对自然垄断产业投资方进行招标选择，引入竞争发现最低成本供应商。

1. 输配电价形成机制

输配电定价从源头上是控制提供输配电服务的电网公司的准许收入，从目的上是控制终端用能用户的用电成本。输配电具有自然垄断属性，且电力不能大规模储存，其定价机制与一般商品不同。

电力传输满足基尔霍夫电流定律和电压定律，无法确定电力在网络传输的路径，无法衡量用户对于电网的使用程度。

输配电具有规模经济的性质，发电侧、用户侧和电力网络每年都发生变化，输配电价格难以按照边际成本定价。输配电服务受资产属性影响、政府政策影响、市场环境影响较大，其价格确定是一个复杂的过程。

输配电价形成的过程主要分为三个阶段。

（1）分析输配电成本构成，核定准许收入。对电网公司的输配电成本进行核定，在成本基础上叠加合理收益，形成准许收入。

（2）输配电服务的收入分摊。我国省级电网输配电价按照邮票法分摊准许收入，主要是按照电压等级和用户类型进行分摊。

（3）价格计算。根据分摊结果按照电压等级、用户类型形成一部制、两部制电价。

我国对于输配电价的核定是按照监管周期进行管理的，通常一个监管周期为三年，三年内电网资产、成本均发生了较大的变化，因此输配电价需要在监管周期之间重新核定，以考虑上一监管周期内发生的各种变化，调整下一个监管周期的准许收入。

对于在监管周期内电网企业新增投资、电量发生较大变化的，可在监管周期之内进行平滑处理。情况特殊的，也可以在下一个监管周期平滑处理。

监管周期内调整机制主要通过设立平衡账户的方式解决，平衡电价反应电网企业准许收入和实际收入之间的差异。平衡账户盈亏超过输配电准许收入某一给定值时，启动电价调整工作，平衡账户亏损，电价予以调升，平衡账户盈余，电价予以调降。

监管周期间调整机制主要是在按监管周期结束时，开展新的监管周期成本监审，调整电网的准许收入，调整内容主要是折旧费、运维费和价内税金等。

2. 输配电定价成本

输配电价是以准许成本为基数，确定合理收益率，核定准许收入再进行分摊形成的。因此，准许成本是输配电价的基础。

输配电定价成本，是指政府核定的电网企业提供输配电服务的合理费用支出。省级电网输配电定价成本，是指政府核定的省级电网企业为使用其经营范围内输配电设施的用户提供输配电服务的合理费用支出。

区域电网输电定价成本，是指政府核定的区域电网经营者为使用其经营范围内跨省交流共用输电网络的用户提供输电服务的合理费用支出。专项工程输电定价成本，是指政府核定的电网企业提供跨省跨区专用输电、联网服务的合理费用支出。

输配电定价成本监审应遵循以下原则。

（1）合法性原则。计入定价成本的费用应当符合《中华人民共和国会计法》等有关法律法规、国家有关财务会计制度、价格监管制度等规定。

（2）相关性原则。计入定价成本的费用应当限于电网企业提供输配电服务发生的直接费用以及需要分摊的间接费用。

（3）合理性原则。计入定价成本的费用应当符合输配电服务的合理需要，影响定价成本水平的主要经济、技术指标应当符合行业标准或者公允水平。

输配电定价成本包括折旧费和运行维护费。运行维护费是电网企业维持电网正常运行的费用，包括材料费、修理费、人工费和其他运营费用。

材料费指电网企业提供输配电服务所耗用的消耗性材料、事故备品等，包括企业因自行组织设备大修、抢修、日常检修发生的材料消耗和委托外部社会单位检修需要企业自行购买的材料费用。

修理费指电网企业为了维护和保持输配电相关设施正常工作状态所进行的外包修理活动发生的检修费用，不包括企业自行组织检修发生的材料消耗和人工费用。

人工费指电网企业从事输配电业务的职工发生的薪酬支出，包括工资总额（含津补贴）、职工福利费、职工教育经费、工会经费、社会保险费用、住房公积金，含农电工、劳务派遣及临时用工支出等。

其他运营费用指电网企业提供正常输配电服务发生的除以上成本因素外的费用。主要包括：

（1）生产经营类费用，包括农村电网维护费、委托运行维护费、租赁费等；

（2）管理类费用，包括办公费、会议费、水电费、物业管理费、差旅费等；

（3）安全保护类费用，包括电力设施保护费、劳动保护费、安全费、设备检测费等；

（4）研究开发类费用，包括研究开发费等开展与输配电服务相关的产品、技术、材料、工艺、标准的研究、开发过程中发生的费用支出；

（5）价内税金，包括车船使用税、房产税、土地使用税和印花税；

（6）其他费用，包括无形资产摊销、低值易耗品摊销、财产保险费、土地使用费、管理信息系统维护费等。

3. 准许收益率

准许收益的计算为可计提的有效资产和准许收益率的乘积，可计提的有效资产包括固定资产、无形资产和运营资本。其计算公式为：

$$准许收益率 = 权益资本收益率 \times （1 - 资产负债率） +$$
$$债务资本收益率 \times 资产负债率$$

权益资本收益率等于政策性有效资产，即政府投资资产的收益率和非政策性有效资产收益率的加权平均。债务资本收益率取决于企业借款利率，若高于人民币贷款基准利率，则按人民币贷款基准利率计算；若低于人民币贷款基准利率，取人民币贷款基准利率和实际借款利率差额的50%与实际借款利率的和。

4. 共用网络输配电价

输配电价定价流程包括四个方面。

（1）确定分摊对象。电网公司通过收取输配电费回收准许收入，输配电网络的受益者既有发电企业，也有用电客户，因此输配电费的分摊对象应该包含发电企业和用电客户。但是发电企业往往将分摊的成本通过上网电价的方式转移到电力用户身上，所以输配电费的实际分担者也是电力用户。因此，我国将输配电价的准许收入在负荷侧进行分摊。

（2）确定分摊基准。输配电价分担的主要基准就是电力用户对于输配电网络的使用情况。常用的考察用户使用情况的方法有：

1）系统峰荷状态，一般输配电网在系统负荷最大，潮流最大的时候利用率最大，但是系统潮流最大的时候不一定是用户潮流最大的时候，所以按照此方法分摊存在不公平性；

2）支路峰荷状态，支路峰荷状态能够反应支路利用率最高的状态，但是在复杂的环状主干网络的输配电费用的分配上，计算存在困难；

3）用户峰值状态，就是用户从输配电网获得最大功率的状态，但是用户峰值状态仍然存在主干网络无法分配的问题；

4）多状态加权，通过多种状态进行考虑，可以较为精确地得到用户对电网的使用程度。

（3）确定分摊方法。共用网络输配电价定价方法包括综合成本定价法和边际成本定价法，综合成本定价法是基于会计学设计的，边际成本定价法是基于经济学设计的。

（4）计算输配电价。输配电价通常包含固定电价、容量电价和电量电价等。输配电价按照公共电网运营成本按照分类和电压等级进行分别核算。

输配电价的核算方法包括以下两种方法。

（1）综合成本法。综合成本法是基于会计学理论，以电网企业发生的投资成本和电网运营成本为主，计算核价周期内的输配电服务综合供电成本，按照一定的收益率确定合理收益后分摊到用电用户。常用的分摊算法有邮票法、合同路径法、兆瓦公里法等。

1）邮票法。邮票法是源于邮票系统的一种计费方式，其核心思想是不考虑电网的结构，输电路径和输送功率的收发点位置，按照分摊标准的不同，可以按照用户的输送电量分摊，也可以按照输送功率分摊，分摊过程不需要潮流计算。邮票法的优点是计算方法简单，从公平角度讲，没有考虑输电路径，价格不能反映不同位置电网用户对电网的使用程度，在成本分摊公平性有欠缺。其次，从效率角度，邮票法不能通过价格引导用户的选址和电网规划，无法实现输配电资源的最优化配置。因此，邮票法仅适用于不同位置用户对于电网资源使用程度偏差较小的电网。

我国采用邮票法确定输配电价。

2）合同路径法。合同路径法是按照电能交易合同，假设电能按照合同规定的连续路径通过，计算用户对电网的使用程度。合同路径法是以合同为依据，按照合同约定的电量和路径分布计算，但是合同约定的路径与真实的电网潮流存在不一致性。合同路径法适合双边交易电力市场，对于集中市场不适用，适用于联系相对简单、节点松散的网络，不适用于复杂电网。

3）兆瓦公里法。兆瓦公里法是一种考虑输电距离和输电功率的输配电费用的分摊方法，分为基于输配电业务的兆瓦公里法和基于节点的兆瓦公里法，基于输配电业务的兆瓦公里法以双边电能合同为分摊对象，基于节点的兆瓦公里法以节点功率作为分摊对象。兆瓦公里法可以较为合理地反映电网输配电线路的实际利用情况，缺点是利用灵敏度和分布因子确定线路使用程度的时候，不平衡节点会对结果产生误差。英国、澳大利亚采用此种方法进行计算。

（2）边际成本法。边际成本法是计算某节点单位输送功率引起的输配电成本的变化，以此计算该节点的输配电服务费用。

1）短期边际成本法。短期边际成本法就是在现有输电网络下某节点增加单位输送功率所引起的输配电总成本的增加，通常用来计算节点应该分摊的网损费用。当负荷大小与输配电网络的输送能力较为接近时，将会产生较大的阻塞费用，相差较小时，输配电费用不高，因此采用短期边际成本计算的输配电价会随着负荷波动。在短期边际成本方法里，过去的建设投资属于沉没成本，短期边际成本只能反映网损部分，对于高可靠性、电网比较坚强的电网，短期边际成本定价投资回收困难。

2）长期边际成本法。在输配电网中某个节点增加单位功率的注入或者流出，会引起系统输配电成本的增加，增加的成本为该节点承担的输配电费。长期边际输配电定价方法反映了输电距离对输配电价的影响，离负荷中心跃进，用户承担的输配电费用越高。长期边际成本法不能实现电网固定成本的完全回收，参考节点的选取会影响边际成本的分摊结果。

（四）我国输配电价体系

我国输配电价体系分为区域电网输电价格、省级电网输配电价、专项工程输电价格和地方电网与增量配电输配电价四类。

1. 区域电网输电价格

区域电网输电价格，是指区域电网运行机构运营区域共用输电网络提供的电量输送和系统安全及可靠性服务的价格。区域电网输电价格，先核定区域电网输电业务的准许收入，再以此为基础核定。区域电网输电价格在每一监管周期开始前核定，监管周期为三年。

区域电网准许收入由准许成本、准许收益和税金构成。

准许成本由基期准许成本、监管周期新增和减少准许成本构成。基期准许成本，根据输配电定价成本监审办法等规定，经成本监审核定。监管周期新增和减少准许成本，按监管周期内预计合理新增和减少的准许成本计算。

准许收益按可计提收益的有效资产乘以准许收益率计算。可计提收益的有效资产，是指电网企业投资形成的输电线路、变电设备以及其他与输电业务相关的资产，包括固定资产净值、无形资产净值和营运成本。

税金依据现行国家相关税法规定核定执行，包括所得税、城市维护建设税、教育费附加。

区域电网准许收入通过容量电费和电量电费两种方式回收。

容量电费与电量电费比例计算公式为：

容量电费：电量电费 =（折旧费+人工费）：运行维护费（不含人工费）

电量电费随区域电网实际交易结算电量收取，由购电方支付。容量电费按照受益付费原则，向区域内各省级电网公司收取。

各省级电网公司向区域电网支付的容量电费，以区域电网对各省级电网提供安全及可靠性服务的程度为基础，综合考虑跨区跨省送（受）电量、年最大负荷、省间联络线备用率和供电可靠性等因素确定。计算公式为：

$$各省级电网承担的容量电费比例 = R_1 \times \frac{该省级电网跨区跨省结算送(受)电量}{\sum(区域内各省级电网跨区跨省结算送(受)电量)} +$$

$$R_2 \times \frac{该省级电网非同时年最高负荷}{\sum(各省级电网非同时年最高负荷)} + R_3 \times$$

$$\frac{\sum(该省级电网与区域电网各联络线的稳定限额 - 实际平均负荷)}{2\sum(区域电网各省间联络线稳定限额 - 实际平均负荷)}$$

式中，

$$R_1 = [区域电网统调机组跨区跨省结算送电量 + \sum(区域内各省级电网统调机组跨区跨省结算送电量)]/[区域电网统调机组发电量 + \sum(区域内各省级电网统调机组发电量)]$$

或

$$R_1 = \frac{\sum(区域内各省级电网跨区跨省结算受电量)}{\sum(区域内各省级电网省内售电量)}$$

$$R_2 = \frac{1 - R_1}{2} \times 区域电网紧密程度调整系数$$

区域电网紧密程度调整系数反映各区域内省级电网联系的紧密程度，其计算公式为：

$$区域电网紧密程度调整系数 = \frac{区域内跨省交易电量}{区域总用电量} \bigg/ \frac{\sum(各区域内跨省交易电量)}{\sum(各区域总用电量)}$$

$$R_3 = 1 - R_1 - R_2$$

当区域电网紧密程度调整系数过大导致 R_3 为负时，R_3 取 0，则 $R_2 = 1 - R_1$。

华北电网准许收入扣除京津唐电网应单独承担部分后，为京津唐电网与华北电网内其他省级电网共同承担部分。京津唐电网应单独承担的准许收入，按京津唐电网自用固定资产原值占华北电网固定资产原值的比例核定。

2020 年 9 月，国家发展改革委核定了第二监管周期区域电网输配电价。核价结果见表 1-5。

表 1-5 2020—2022 年区域电网输电价格表 ［元/（千瓦·时）］

区域	电量电价	容量电价	
		单位	水平
华北	0.0071	北京	0.0175
		天津	0.0129
		冀北	0.0048
		河北	0.0035
		山西	0.0011
		山东	0.0018
华东	0.0095	上海	0.0072
		江苏	0.0034
		浙江	0.0046
		安徽	0.0039
		福建	0.0023
华中	0.0100	湖北	0.0015
		湖南	0.0007
		河南	0.0009
		江西	0.0006
		四川	0.0004
		重庆	0.0019
东北	0.0087	辽宁	0.0031
		吉林	0.0034
		黑龙江	0.0031
		蒙东	0.0041
西北	0.0200	陕西	0.0012
		甘肃	0.0029
		青海	0.0017
		宁夏	0.0015
		新疆	0.0009

我国区域电网输电价格采用容量电价和电量电价两部制电价的形式，但容量电费随各省级电网的终端售电量收取，所以容量电费仍然以电量电费的形式收取。

华中、西北地区电量电价远大于容量电价，华东、东北电量电价与容量电价基本是 2∶1 的关系，华北地区电量电价与容量电价基本持平。

从第二监管周期核价结果来看，区域电网输电电价较第一监管周期普遍降低，东北地区电量电价降低一半，容量电价也普遍大幅度降低。

2. 跨省跨区专项工程输电价格

跨省跨区专项工程是指跨区域电网工程，以及送受端相对明确、潮流方向相对固定的区域内跨省输电工程。跨省跨区专项工程输电价格是指电网企业通过跨省跨区专项工程提供跨省跨区电能输送、电网互联互济、电网安全保障等服务的价格。

跨省跨区专项工程输电价格实行单一电量电价制。跨省跨区专项工程输电价格按经营期法核定，即以弥补成本、获取合理收益为基础，按照资本金内部收益率对工程经营期内年度净现金流进行折现，以实现整个经营期现金流收支平衡为目标，核定工程输电价格。其计算公式为：

$$年净现金流 = 年现金流入 - 年现金流出$$

式中，年现金流出 = 资本金投入 + 偿还的贷款本金 + 利息支出 + 运行维护费 + 税金及附加；

年现金流入为实现累计净现金流折现值为零的年均收入水平，在经营期最后一年包括固定资产残值收入；

固定资产残值收入 = 固定资产原值 × 净残值率。

输电价格计算公式为：

$$输电价格（含增值税） = 输电价格（不含增值税） × （1 + 增值税率）$$

$$输电价格（不含增值税） = \frac{年均收入}{设计输电量 × （1 - 定价线损率）}$$

$$直流输电工程设计输电量 = 设计利用小时 × 额定容量$$

其中，设计利用小时按政府主管部门批复的项目核准文件确定，文件中未明确的，原则上按 4500 小时计算。

交流专项工程年输电量按政府主管部门批复的项目核准文件确定，核准文件中未明确的，按照电源点年设计上网电量计算。

定价线损率，核定临时价格时按照专项工程可研设计线损率确定；核定正式价格时，参照设计线损率和前 3 年（不足 3 年的按实际运行年）实际平均线损率确定。

运行维护费指跨省跨区专项输电工程运营单位为维持工程正常运行发生的费

用支出，包括材料费、修理费、人工费和其他运营费用。

（1）材料费指运营单位耗用的消耗性材料、事故备品等，包括因自行组织设备大修、抢修、日常检修发生的材料消耗和委托外部社会单位检修需要企业自行购买的材料费用。

（2）修理费指运营单位进行的外包修理活动发生的检修费用，不包括企业自行组织检修发生的材料消耗和人工费用。

（3）人工费指运营单位从事专项工程管理运行维护职工发生的薪酬支出，包括工资总额（含津补贴）、职工福利费、职工教育经费、工会经费、社会保险费用、住房公积金，含劳务派遣及临时用工支出等。

（4）其他运营费用指除材料费、修理费和人工费以外的费用。

运行维护费按以下方法审核确定。

（1）材料费、修理费，按剔除不合理因素后的监审期间平均值核定。特殊情况下，因不可抗力、政策性因素造成一次性费用过高的可分期分摊。

（2）人工费，工资水平（含津补贴）参考国务院国有资产监督管理部门有关国有企业工资管理办法核定。职工福利费、职工教育经费、工会经费据实核定，但不得超过核定的工资总额和国家规定提取比例的乘积。

职工养老保险（包括补充养老保险）、医疗保险（包括补充医疗保险）、失业保险、工伤保险、生育保险、住房公积金等，审核计算基数按照企业实缴基数确定，但不得超过核定的工资总额和当地政府规定的基数，计算比例按照不超过国家或当地政府统一规定的比例确定。

劳务派遣、临时用工性质的用工支出如未包含在工资总额内，在不超过国家有关规定范围内按照企业实际发生数核定。

（3）其他运营费用，按剔除不合理因素后的监审期间平均值核定。

租赁费、委托运维费、研究开发费等涉及内部关联方交易的，可进行延伸审核，按照社会公允水平核定；社会公允水平无法获得的，按照实际承担管理运营维护单位发生金额核定。

无形资产的摊销年限，有法律法规规定或合同约定的，从其规定或约定；没有规定或约定的，原则上按不少于10年摊销。

核定正式价格时，主要核价参数按以下方法确定。

（1）工程投资和资本金，分别按照成本监审确定的工程竣工决算金额、实际投入资本金确定。

（2）经营期限按35年计算。折旧费按照经营期限、成本监审确定的工程固定资产原值，采用年限平均法计算。

（3）资本金内部收益率，按最近一期核定的省级和区域电网权益资本收益率平均值确定，最高不超过5%。

（4）利息支出，根据贷款额、还贷期限和贷款利率计算。其中贷款额据实核定，还贷期限按 25 年计算，贷款利率参考电网企业实际融资结构、贷款利率、人民币贷款市场报价利率核定。如跨省跨区专项工程相关实际加权平均贷款利率高于核价时同期市场报价利率，按照市场报价利率核定；如实际借款利率低于市场报价利率，按照实际借款利率加二者差额的 50% 核定。

（5）运行维护费率，按照成本监审核定的跨省跨区专项工程运行维护费除以固定资产原值的比例确定，最高不超过 2%。

（6）税金及附加，指除增值税外的其他税金，包括所得税、城市维护建设税、教育费附加，依据现行国家相关税法规定核定。

核定临时价格时，主要核价参数参照以下方法确定。

（1）工程投资按照政府主管部门批复的项目核准文件确定，施工图预算投资确认比核准投资减少的，按施工图预算投资确定。资本金按照工程投资的 20% 计算。固定资产原值根据工程投资考虑增值税抵扣因素确定。

（2）贷款利率参照同期人民币贷款市场报价利率确定。运行维护费率按 2% 确定。

送出电网建设、由电源点送出、专门用于跨省跨区专项工程送电的配套工程，按照上述方法单独核定输电价格。已纳入直流工程或省级电网输配电价的，暂不调整。

送受端明确、潮流方向相对固定且基本一致的多条专项工程，可按照上述方法统一核定输电价格。

多条专项工程统一运营并形成共用网络的，参照省级电网"准许成本加合理收益"方法定价。

根据国家发展改革委《关于调整宁东直流等专项工程 2018—2019 年输电价格的通知》《关于核定酒泉—湖南、宁东—绍兴±800 千伏特高压直流工程输电价格的通知》和《关于核定部分跨省跨区专项工程输电价格有关问题的通知》要求，各专项工程输电价格见表 1-6。

表 1-6 各专项工程输电价格

序号	名称	输电电价		线损率/%
		电量电价 /分·(千瓦·时)⁻¹	容量电价 /元·(千瓦·年)⁻¹	
1	灵宝直流	4.26	—	1.00
2	德宝直流	3.58	—	3.00
3	锦苏直流	5.5	—	7.00
4	高岭直流	2.5	—	1.70

续表1-6

序号	名称	输电电价		线损率/%
		电量电价 /分·(千瓦·时)⁻¹	容量电价 /元·(千瓦·年)⁻¹	
5	龙政直流	7.4	—	7.50
6	葛南直流	6	—	7.50
7	林枫直流	4.71	—	7.50
8	宜华直流	7.4	—	7.50
9	江城直流	4.17	—	7.65
10	中俄直流	3.71	—	1.30
11	青藏直流	6	—	13.70
12	呼辽直流	4.59	—	4.12
13	阳城送出	2.21	—	3.00
14	锦界送出	1.92	—	2.50
15	府谷送出	1.54	—	2.50
16	辛洹线		40	
17	三峡送华中	4.83	—	0.70
18	长南荆特高压交流	3.32	—	1.50
19	天中直流	6.58	—	7.20
20	向上直流	6.2	—	7.00
21	宾金直流	4.95	—	6.50
22	宁东直流	5.35	—	7.00
23	灵绍直流	7.14	—	6.50
24	祁韶直流	7.01	—	6.50
25	扎青直流	3.18	14.77亿元/年	7.00
26	锡泰直流	8.42	—	7.00
27	雁淮直流	7.48	—	7.00
28	吉泉直流	8.29	—	7.00
29	昭沂直流	5.9	—	6.50

注：吉泉直流、昭沂直流核价水平正在行文报备过程中。

3. 省级电网输配电价

核定省级电网输配电价，先核定电网企业输配电业务的准许收入，再以准许收入为基础核定输配电价。省级电网输配电价实行事前核定，即在每一监管周期开始前核定。监管周期暂定为三年。省级电网输配电准许收入的计算公式为：

$$准许收入 = 准许成本 + 准许收益 + 价内税金$$

式中，

准许成本＝基期准许成本＋监管周期新增（减少）准许成本

准许收益＝可计提收益的有效资产×准许收益率

准许成本有三点值得注意：准许成本由折旧费和运行维护费构成，区分基期准许成本和监管周期新增（减少）准许成本分别核定；基期准许成本，是指根据国家发展改革委、国家能源局关于印发《输配电定价成本监审办法（试行）的通知》等规定，经成本监审核定的历史成本；监管周期新增（减少）准许成本，是指电网企业在监管期初前一年及监管周期内预计合理新增或减少的准许成本。

（1）监管周期新增准许成本。

1）折旧费。折旧费的计算公式为：

折旧费＝规划新增输配电固定资产投资额×新增投资计入固定资产比率×
　　　　定价折旧率

式中，规划新增输配电固定资产投资额是指按照有权限的政府主管部门预测的、符合电力规划的电网投资计划，并根据固定资产投资增长应与规划电量增长、负荷增长、供电可靠性相匹配的原则统筹核定。

新增投资计入固定资产比率，是指规划新增输配电固定资产投资额转为用于计提折旧的新增输配电固定资产原值的比率。原则上参考电网企业输配电固定资产的历史转资情况，并考虑今后经济发展需求，输配电线路设备投资进度及实际利用效率等因素统筹核定。首个监管周期，新增投资计入固定资产比率按不超过75%计算。

定价折旧率根据新增的输配电固定资产分类定价折旧年限（附后）和新增固定资产结构核定。新增固定资产结构无法确定的，可参照历史资产实际结构核定。

2）运行维护费。运行维护费由材料费、修理费、职工薪酬、其他费用组成，按以下方法分别核定。

①材料费参考电网经营企业监管期初前三年历史费率水平，以及同类型电网企业的先进成本标准，按照不高于监管周期新增固定资产原值的1%核定。

②修理费参考电网经营企业监管期初前三年历史费率水平，以及同类型电网企业的先进成本标准，按照不高于监管周期新增固定资产原值的1.5%核定。

③职工薪酬参考国务院国有资产管理部门核定的职工工资总额核定。

④其他费用参考不高于电网经营企业监管期初前三年历史费率水平的70%，同时不高于监管周期新增固定资产原值的2.5%核定。

（2）监管周期减少准许成本。

1）监管周期内退役、报废的固定资产和摊销完毕的无形资产，相应减少的成本费用。成本费用率标准参照监管期初前三年历史费率水平。

2）监管周期内已计提完折旧仍在使用的固定资产，不再计提定价折旧费。

（3）监管周期新增输配电资产增长与电量增长、负荷增长、供电可靠性提升的偏差部分，相关输配电资产产生的折旧费、运行维护费可以暂不计入该监管周期输配电价。

准许收益的计算公式为：

$$准许收益 = 可计提收益的有效资产 \times 准许收益率$$

可计提收益的有效资产，是指电网企业投资（包括政府投资或财政拨款投资）形成的，为提供共用网络输配电服务所需的，允许计提投资回报的输配电资产，包括固定资产净值、无形资产净值和营运资本。

可计提收益的固定资产范围包括但不限于：输配电线路、变电配电设备；电网运行维护与应急抢修资产；电网通信、技术监督、计量检定等专业服务资产。以下资产不得纳入可计提收益的固定资产范围。

（1）与省内共用网络输配电业务无关的固定资产。该类固定资产包括但不限于：电网企业的辅助性业务单位、多种经营企业及"三产"资产，如宾馆、招待所、办事处、医疗单位等固定资产；发电资产（指电网所属且已单独核定上网电价的电厂，2002年国务院发布的电力体制改革方案中明确由电网保留的内部核算电厂除外）；抽水蓄能电站；与输配电业务无关的对外股权投资；投资性固定资产（如房地产等）；其他需扣除的与省内共用网络输配电业务无关的固定资产等。

（2）应由有权限的政府主管部门审批而未经批准投资建设的固定资产，或允许企业自主安排，但不符合电力规划、未履行必要备案程序投资建设的固定资产。

（3）国家单独核定输电价格的跨省跨区专项输电工程固定资产。

（4）企事业单位、用户投资或政府无偿移交的非电网企业投资部分对应的输配电固定资产。

（5）其他不应计提收益的输配电固定资产。

可计提收益的无形资产，主要包括软件、专利权、非专利技术、商标权、著作权、特许权、土地使用权等方面。

可计提收益的营运资本，是指电网企业为提供输配电服务，除固定资产投资以外的正常运营所需要的周转资金。

可计提收益的有效资产的计算公式为：

可计提收益的有效资产 = 基期有效资产 ± 监管周期新增（减少）有效资产

可计提收益的基期有效资产中，固定资产净值和无形资产净值通过成本监审核定；营运资本按不高于监管周期前一年电力主营业务收入的10%核定。

监管周期新增有效资产根据规划新增输配电固定资产投资额乘以新增投资计入固定资产比率并扣减监管周期相应折旧费核定。监管周期减少有效资产根据监管周期内预计退役、报废或已计提完折旧的固定资产核定。准许收益率的计算公式为：

准许收益率=权益资本收益率×(1-资产负债率)+债务资本收益率×资产负债率

式中，权益资本收益率等于政策性有效资产（政府投资或财政拨款等形成的输配电资产，包括财政专项支持的城乡电网完善、无电地区建设、老城区配电改造等资金支持部分对应的输配电固定资产）的比重和非政策性有效资产的比重与各自对应的权益资本收益率的加权平均。其中政策性有效资产的权益资本收益率，按1%核定；非政策性有效资产的权益资本收益率，按本监管周期初始年前一年1月1日—6月30日国家10年期国债平均收益率加不超过4个百分点核定。首个监管周期，权益资本收益率可参考省级电网企业监管周期前三年实际税后净资产收益率核定。

债务资本收益率参考同期人民币贷款基准利率与电网企业实际融资结构和借款利率核定。例如电网企业实际借款利率高于基准利率，按照基准利率核定；电网企业实际借款利率低于基准利率，按照实际借款利率加二者差额的50%核定。资产负债率参照监管期初前三年电网企业实际资产负债率平均值核定。

为引导电网合理投资，条件成熟的地区，准许收益率可在上述定价公式基础上，根据电网的资产实际利用率、供电可靠性及服务质量相应上下浮动。

价内税金依据现行国家相关税法规定核定，计算公式为：

$$价内税金=所得税+城市维护建设税+教育费附加$$

式中，

$$所得税=\frac{可计提收益的有效资产×(1-资产负债率)×权益资本收益率}{1-所得税率}×所得税率$$

$$城市维护建设税及教育费附加=(不含增值税的准许收入×增值税率-$$
$$准许成本进项税抵扣额)×$$
$$(城市维护建设税税率+教育费附加计征比率)$$

通过输配电价回收的准许收入，是指通过核定省级电网输配电价向所有使用共用网络的电力用户回收的准许收入，不包括以下项目：

（1）通过其他独立或专门渠道向特定电力用户回收的收入，包括但不限于电气化铁路供电配套工程还贷电价加价收入、自备电厂备用容量费、可再生能源电价附加收入（对应电网企业投资的接网工程）、高可靠性供电收入、一省两贷或多贷农网还贷资金收入；

（2）省内共用网络服务于跨省跨区电力交易取得的输电收入等；

（3）特定项目或特殊情况的政府补贴收入，如国家对农村电网维护费免征

的增值税及其附加等;

（4）已经在准许成本中扣除的项目;

（5）其他应予扣除的项目。

省级电网平均输配电价的计算公式为:

$$省级电网平均输配电价（含增值税）= \frac{通过输配电价回收的准许收入（含增值税）}{省级电网共用网络输配电量}$$

省级电网共用网络输配电量参考历史电量增长情况，以及有权限的省级政府主管部门根据电力投资增长和电力供需情况预测的电量增长情况等因素核定。

输配电价在成本核定和准许收入计算完毕以后，需要依据不同电压等级和用户的用电特性和成本结构，分别制定分电压等级、分用户类别输配电价。

（1）电压等级分为 500 千伏（750 千伏）、220 千伏（330 千伏）、110 千伏（66 千伏）、35 千伏、10 千伏（20 千伏）和不满 1 千伏等六个电压等级。相邻电压等级用户数较少的，电压等级可适当合并。

（2）用户类别分类:以现行销售电价分类为基础，原则上分为大工业用电、一般工商业及其他用电、居民用电和农业用电类别。

计算分电压等级输配电价，先将准许收入按资产价值、峰荷责任、输配电量、用电户数等因素分配至各分电压等级，下一电压等级的准许总收入由本电压等级准许收入和上一电压等级传导的准许收入构成。各电压等级输配电价为该电压等级准许总收入除以本电压等级的输送电量。

分用户类别输配电价，应以分电压等级输配电价为基础，综合考虑政策性交叉补贴、用户负荷特性、与现行销售电价水平基本衔接等因素统筹核定。条件成熟的地区，可在不扩大交叉补贴规模情况下，结合政策性交叉补贴的理顺，逐步调整到合理水平。

现行目录销售电价中执行两部制电价的用户应当执行两部制输配电价，其他用户可根据自身用电情况自主选择执行两部制输配电价或者单一电量制输配电价。有条件的地区，可以探索结合负荷率等因素制定输配电价套餐，由电力用户选择执行。

省级电网综合线损率参考监管周期初始年前三年实际综合线损率平均值核定。实际运行中线损率超过核定值的风险由电网企业承担，实际运行中线损率低于核定值的收益由电网企业和电力用户各分享 50%。

结合电力体制改革进程，妥善处理政策性交叉补贴。输配电价改革初期，暂按居民和农业用电量乘以其合理输配电价与实际输配电价之差计算居民、农业用电等享受的政策性交叉补贴总额。具备条件的地区，可进一步测算更加准确合理的分电压等级、分用户类别政策性交叉补贴。

政策性交叉补贴由省级电网企业测算并申报，经省级政府价格主管部门审核后报送国家发改委。

国家发展改革委发布的第二监管周期省级电网输配电价核价结果见表1-7～表1-39。

表1-7　北京电网输配电价表

用电分类	电度电价/元·（千瓦·时)⁻¹					容（需）量电价	
	不满1千伏	1千~10千伏	35千伏	110千伏	220千伏	最大需量/元·（千瓦·月)⁻¹	交压器容量/元·（千伏安·月)⁻¹
一般工商业及其他用电	0.4060	0.3891	0.3649	0.3181	0.2781	—	—
大工业用电	—	0.2042	0.1837	0.1594	0.1579	48	32

注：1. 表中各电价含增值税、线损、交叉补贴及区域电网容量电价，不含政府性基金及附加。

2. 参与电力市场化交易用户的输配电价水平执行上表价格，并按规定标准另行征收政府性基金及附加。其他用户继续执行目录销售电价政策。

表1-8　天津电网输配电价表

用电分类	电度电价/元·（千瓦·时)⁻¹					容（需）量电价	
	不满1千伏	1千~10千伏	35千伏	110千伏	220千伏	最大需量/元·（千瓦·月)⁻¹	交压器容量/元·（千伏安·月)⁻¹
一般工商业及其他用电	0.2653	0.2577	0.1968	0.1351	0.1315	—	—
大工业用电	0.3518	0.2243	0.1899	0.1753	0.1600	25.5	17

注：1. 表中各电价含增值税、线损、交叉补贴及区域电网容量电价，不含政府性基金及附加。

2. 参与电力市场化交易用户的输配电价水平执行上表价格，并按规定标准另行征收政府性基金及附加。其他用户继续执行目录销售电价政策。

表1-9　河北电网输配电价表

用电分类		电度电价/元·（千瓦·时)⁻¹					容（需）量电价	
		不满1千伏	1千~10千伏	35千伏	110千伏	220千伏及以上	最大需量/元·（千瓦·月)⁻¹	交压器容量/元·（千伏安·月)⁻¹
工商业及其他用电	单一制	0.1809	0.1659	0.1559	—	—	—	—
	两部制	—	0.1694	0.1544	0.1394	0.1344	35	23.3

注：1. 表中各电价含增值税、线损、交叉补贴及区域电网容量电价，不含政府性基金及附加。

2. 参与电力市场化交易用户的输配电价水平执行上表价格，并按规定标准另行征收政府性基金及附加。其他用户继续执行目录销售电价政策。

3. 工商业及其他用电（单一制）35千伏以上用户按35千伏输配电价水平执行。

表 1-10　冀北电网输配电价表

用电分类		电度电价/元·（千瓦·时）⁻¹					容（需）量电价	
		不满1千伏	1千~10千伏	35千伏	110千伏	220千伏及以上	最大需量/元·（千瓦·月）⁻¹	交压器容量/元·（千伏安·月）⁻¹
工商业及其他用电	单一制	0.1374	0.1124	0.1124	—	—	—	—
	两部制	—	0.1287	0.1137	0.0987	0.0937	35	23.3

注：1. 表中各电价含增值税、线损、交叉补贴及区域电网容量电价，不含政府性基金及附加。

2. 参与电力市场化交易用户的输配电价水平执行上表价格，并按规定标准另行征收政府性基金及附加。其他用户继续执行目录销售电价政策。

3. 工商业及其他用电（单一制）35 千伏以上用户按 35 千伏输配电价水平执行。

4. 500 千伏"网对网"外送电省外购电用户承担的送出省输电价格不超过 0.03 元/（千瓦·时）（含税、含线损）。

表 1-11　山西电网输配电价表

用电分类	电度电价/元·（千瓦·时）⁻¹					容（需）量电价	
	不满1千伏	1千~10千伏	35千伏	110千伏	220(330)千伏	最大需量/元·（千瓦·月）⁻¹	交压器容量/元·（千伏安·月）⁻¹
一般工商业及其他用电	0.1456	1.1256	0.1106	—	—	—	—
大工业用电	—	0.1136	0.0836	0.0586	0.0386	36	24

注：1. 表中各电价含增值税、线损、交叉补贴及区域电网容量电价，不含政府性基金及附加。

2. 参与电力市场化交易用户的输配电价水平执行上表价格，并按规定标准另行征收政府性基金及附加。其他用户继续执行目录销售电价政策。

3. 500 千伏"网对网"外送电省外购电用户承担的送出省平均输电价格不超过 0.0193 元/（千瓦·时）（含税、含线损），最高不超过 0.03 元/（千瓦·时）（含税、含线损）。

表 1-12　蒙东电网输配电价表

用电分类	电度电价/元·（千瓦·时）⁻¹					容（需）量电价	
	不满1千伏	1千~10千伏	35千伏	110千伏(66千伏)	220千伏	最大需量/元·（千瓦·月）⁻¹	交压器容量/元·（千伏安·月）⁻¹
一般工商业及其他用电	0.3984	0.3613	0.2756	—	—	—	—
大工业用电	—	0.1734	0.1664	0.1270	0.1040	28	19

注：1. 表中各电价含增值税、线损、交叉补贴及区域电网容量电价，不含政府性基金及附加。

2. 参与电力市场化交易用户的输配电价水平执行上表价格，并按规定标准另行征收政府性基金及附加。其他用户继续执行目录销售电价政策。

3. 220 千伏及以上"网对网"外送电省外购电用户承担的送出省输电价格不超过 0.03 元/（千瓦·时）（含税、含线损）。

表1-13　蒙西电网输配电价表

用电分类		电度电价/元·（千瓦·时）⁻¹					容（需）量电价	
		不满1千伏	1千~10千伏	35千伏	110千伏	220千伏	最大需量/元·（千瓦·月）⁻¹	交压器容量/元·（千伏安·月）⁻¹
工商业及其他用电	单一制	0.1647	0.1375	0.1225	—	—		
	两部制	—	0.0885	0.0735	0.0615	0.0545	28	19

注：1. 表中各电价含增值税、线损、交叉补贴及区域电网容量电价，不含政府性基金及附加。

　　2. 参与电力市场化交易用户的输配电价水平执行上表价格，并按规定标准另行征收政府性基金及附加。其他用户继续执行目录销售电价政策。

表1-14　辽宁电网输配电价表

用电分类		电度电价/元·（千瓦·时）⁻¹						容（需）量电价	
		不满1千伏	1千~10千伏	20千伏	35千~110千伏	110千伏	220千伏	最大需量/元·（千瓦·月）⁻¹	交压器容量/元·（千伏安·月）⁻¹
工商业及其他用电	单一制	0.2501	0.2384	0.2346	0.2249				
	两部制	—	0.1237	0.1189	0.1072	0.0924	0.0807	33	22

注：1. 表中各电价含增值税、线损、交叉补贴及区域电网容量电价，不含政府性基金及附加。

　　2. 参与电力市场化交易用户的输配电价水平执行上表价格，并按规定标准另行征收政府性基金及附加。其他用户继续执行目录销售电价政策。

　　3. 500千伏"网对网"外送电省外购电用户承担的送出省平均输电价格不超过0.0245元/（千瓦·时）（含税、含线损），最高不超过0.03元/（千瓦·时）。

表1-15　吉林电网输配电价表

用电分类	电度电价/元·（千瓦·时）⁻¹					容（需）量电价	
	不满1千伏	1千~10千伏	35千伏	110千伏（66千伏）	220千伏	最大需量/元·（千瓦·月）⁻¹	交压器容量/元·（千伏安·月）⁻¹
一般工商业及其他用电	0.3041	0.2891	0.2741	—	—		
大工业用电	—	0.1685	0.1535	0.1385	0.1235	33	22

注：1. 表中各电价含增值税、线损、交叉补贴及区域电网容量电价，不含政府性基金及附加。

　　2. 参与电力市场化交易用户的输配电价水平执行上表价格，并按规定标准另行征收政府性基金及附加。其他用户继续执行目录销售电价政策。

　　3. 500千伏"网对网"外送电省外购电用户承担的送出省平均输电价格不超过0.021元/（千瓦·时）（含税、含线损），最高不超过0.03元/（千瓦·时）。

表1-16　黑龙江电网输配电价表

用电分类	电度电价/元·（千瓦·时）⁻¹					容（需）量电价	
	不满1千伏	1千~10千伏	35千伏	110千伏（66千伏）	220千伏	最大需量/元·（千瓦·月）⁻¹	交压器容量/元·（千伏安·月）⁻¹
一般工商业及其他用电	0.3161	0.3061	0.2961	0.2761	—	—	—

续表 1-16

用电分类	电度电价/元·(千瓦·时)⁻¹					容（需）量电价	
	不满 1千伏	1千~ 10千伏	35千伏	110千伏 (66千伏)	220千伏	最大需量 /元·(千瓦·月)⁻¹	交压器容量 /元·(千伏安·月)⁻¹
大工业用电	—	0.1680	0.1468	0.1342	0.1092	33	22

注：1. 表中各电价含增值税、线损、交叉补贴及区域电网容量电价，不含政府性基金及附加。

2. 参与电力市场化交易用户的输配电价水平执行上表价格，并按规定标准另行征收政府性基金及附加。其他用户继续执行目录销售电价政策。

3. 一般工业及其他用电 110 千伏（66 千伏）以上用户按 110 千伏（66 千伏）输配电价水平执行。

4. 500 千伏"网对网"外送电省外购电用户承担的送出省平均输电价格不超过 0.03 元/（千瓦·时）（含税、含线损）。

表 1-17 上海电网输配电价表

用电分类		电度电价/元·(千瓦·时)⁻¹					容（需）量电价	
		不满 1千伏	1千~10 (20)千伏	35千伏	110千伏	220(330) 千伏	最大需量 /元·(千瓦·月)⁻¹	交压器容量 /元·(千伏安·月)⁻¹
一般工商业 及其他用电	单一制	0.2943	0.2510	0.2094	—	—	—	—
	两部制	0.1677	0.1439	0.1216	0.0969	0.0969	34.02	22.68
大工业用电		0.2484	0.2290	0.1797	0.1519	0.1519	42	28

注：1. 表中各电价含增值税、线损、交叉补贴及区域电网容量电价，不含政府性基金及附加。

2. 参与电力市场化交易用户的输配电价水平执行上表价格，并按规定标准另行征收政府性基金及附加。其他用户继续执行目录销售电价政策。

表 1-18 江苏电网输配电价表

用电分类	电度电价/元·(千瓦·时)⁻¹						容（需）量电价	
	不满 1千伏	1千~ 10千伏	20千~ 35千伏	35千~ 110千伏	110千伏	220千伏 及以上	最大需量 /元·(千瓦·月)⁻¹	交压器容量 /元·(千伏安·月)⁻¹
一般工商业 及其他用电	0.2360	0.2110	0.2010	0.1860	—	—	—	—
大工业用电	—	0.1764	0.1664	0.1514	0.1264	0.1014	40	30

注：1. 表中各电价含增值税、线损、交叉补贴及区域电网容量电价，不含政府性基金及附加。

2. 参与电力市场化交易用户的输配电价水平执行上表价格，并按规定标准另行征收政府性基金及附加。其他用户继续执行目录销售电价政策。

表 1-19 浙江电网输配电价表

用电分类	电度电价/元·(千瓦·时)⁻¹						容（需）量电价	
	不满 1千伏	1千~ 10千伏	20千伏	35千伏	110千伏	220千伏	最大需量 /元·(千瓦·月)⁻¹	交压器容量 /元·(千伏安·月)⁻¹
一般工商业 及其他用电	0.2611	0.2303	0.2141	0.2060	—	—	—	—

用电分类	电度电价/元·(千瓦·时)⁻¹						容(需)量电价	
	不满1千伏	1千~10千伏	20千伏	35千伏	110千伏	220千伏	最大需量/元·(千瓦·月)⁻¹	交压器容量/元·(千伏安·月)⁻¹
大工业用电	—	0.1772	0.1572	0.1472	0.1272	0.1102	40	30

注：1. 表中各电价含增值税、线损、交叉补贴及区域电网容量电价，不含政府性基金及附加。

2. 参与电力市场化交易用户的输配电价水平执行上表价格，并按规定标准另行征收政府性基金及附加。其他用户继续执行目录销售电价政策。

表1-20　安徽电网输配电价表

用电分类		电度电价/元·(千瓦·时)⁻¹					容(需)量电价	
		不满1千伏	1千~10千伏	35千伏	110千伏	220千伏	最大需量/元·(千瓦·月)⁻¹	交压器容量/元·(千伏安·月)⁻¹
一般工商业及其他用电	单一制	0.2065	0.1915	0.1763	—	—	—	—
	两部制	—	0.1763	0.1513	0.1263	0.1013	40	30

注：1. 表中各电价含增值税、线损、交叉补贴及区域电网容量电价，不含政府性基金及附加。

2. 参与电力市场化交易用户的输配电价水平执行上表价格，并按规定标准另行征收政府性基金及附加。其他用户继续执行目录销售电价政策。

表1-21　福建电网输配电价表

用电分类		电度电价/元·(千瓦·时)⁻¹					容(需)量电价	
		不满1千伏	1千~10千伏	35千伏	110千伏	220千伏	最大需量/元·(千瓦·月)⁻¹	交压器容量/元·(千伏安·月)⁻¹
工商业及其他用电	单一制	0.1750	0.1550	0.1350	0.1150	0.0950	—	—
	两部制	—	0.1523	0.1323	0.1123	0.0923	34.2	22.8

注：1. 表中各电价含增值税、线损、交叉补贴及区域电网容量电价，不含政府性基金及附加。

2. 参与电力市场化交易用户的输配电价水平执行上表价格，并按规定标准另行征收政府性基金及附加。其他用户继续执行目录销售电价政策。

3. 500千伏"网对网"外送电省外购电用户承担的送出省输电价格不超过0.0259元/(千瓦·时)(含税、含线损)。

表1-22　江西电网输配电价表

用电分类	电度电价/元·(千瓦·时)⁻¹					容(需)量电价	
	不满1千伏	1千~10千伏	35千伏	110千伏	220千伏	最大需量/元·(千瓦·月)⁻¹	交压器容量/元·(千伏安·月)⁻¹
一般工商业及其他用电	0.1806	0.1656	0.1506	—	—	—	—
大工业用电	—	0.1735	0.1585	0.1435	0.1335	39	26

注：1. 表中各电价含增值税、线损、交叉补贴及区域电网容量电价，不含政府性基金及附加。

2. 参与电力市场化交易用户的输配电价水平执行上表价格，并按规定标准另行征收政府性基金及附加。其他用户继续执行目录销售电价政策。

3. 500 千伏"网对网"外送电省外购电用户承担的送出省输电价格不超过 0.03 元/（千瓦·时）（含税、含线损）。

表 1-23　山东电网输配电价表

用电分类		电度电价/元·（千瓦·时）⁻¹					容（需）量电价	
		不满 1 千伏	1 千~ 10 千伏	35 千伏	110 千伏	220 千伏	最大需量 /元·（千瓦·月）⁻¹	交压器容量 /元·（千伏安·月）⁻¹
工商业及 其他用电	单一制	0.1993	0.1855	0.1717	—			
	两部制	—	0.1809	0.1619	0.1459	0.1169	38	28

注：1. 表中各电价含增值税、线损、交叉补贴及区域电网容量电价，不含政府性基金及附加。

　　2. 参与电力市场化交易用户的输配电价水平执行上表价格，并按规定标准另行征收政府性基金及附加。其他用户继续执行目录销售电价政策。

表 1-24　河南电网输配电价表

用电分类	电度电价/元·（千瓦·时）⁻¹					容（需）量电价	
	不满 1 千伏	1 千~ 10 千伏	35 千伏	110 千伏	220 千伏	最大需量 /元·（千瓦·月）⁻¹	交压器容量 /元·（千伏安·月）⁻¹
工商业及其他用电 （315 千伏安以下）	0.2126	0.1851	0.1583	0.1316	—		
工商业及其他用电 （315 千伏安以上）	—	0.2052	0.1892	0.1712	0.1612	28	20

注：1. 表中各电价含增值税、线损、交叉补贴及区域电网容量电价，不含政府性基金及附加。

　　2. 参与电力市场化交易用户的输配电价水平执行上表价格，并按规定标准另行征收政府性基金及附加。其他用户继续执行目录销售电价政策。

　　3. 500 千伏"网对网"外送电省外购电用户承担的送出省输电价格不超过 0.0225 元/（千瓦·时）（含税、含线损）。

表 1-25　湖北电网输配电价表

用电分类		电度电价/元·（千瓦·时）⁻¹					容（需）量电价	
		不满 1 千伏	1 千~ 10 千伏	35 千伏 （20 千伏）	110 千伏	220 千伏	最大需量 /元·（千瓦·月）⁻¹	交压器容量 /元·（千伏安·月）⁻¹
工商业及 其他用电	单一制	0.2294	0.2094	0.1894	—			
	两部制	—	0.1454	0.1256	0.1070	0.0885	38	25

注：1. 表中各电价含增值税、线损、交叉补贴及区域电网容量电价，不含政府性基金及附加。

　　2. 参与电力市场化交易用户的输配电价水平执行上表价格，并按规定标准另行征收政府性基金及附加。其他用户继续执行目录销售电价政策。

　　3. 500 千伏"网对网"外送电省外购电用户承担的送出省输电价格不超过 0.03 元/（千瓦·时）（含税、含线损）。

表 1-26 湖南电网输配电价表

用电分类	电度电价/元·(千瓦·时)⁻¹					容(需)量电价	
	不满1千伏	1千~10千伏	35千伏	110千伏	220千伏	最大需量/元·(千瓦·月)⁻¹	交压器容量/元·(千伏安·月)⁻¹
一般工商业及其他用电	0.2565	0.2365	0.2165	0.1965	—		
大工业用电	—	0.1963	0.1673	0.1393	0.1153	30	20

注：1. 表中各电价含增值税、线损、交叉补贴及区域电网容量电价，不含政府性基金及附加。

2. 参与电力市场化交易用户的输配电价水平执行上表价格，并按规定标准另行征收政府性基金及附加。其他用户继续执行目录销售电价政策。

3. 500千伏"网对网"外送电省外购电用户承担的送出省输电价格不超过0.0229元/(千瓦·时)（含税、含线损）。

表 1-27 广东电网输配电价表

用电分类	电度电价/元·(千瓦·时)⁻¹				容(需)量电价	
	不满1千伏	1千~10(20)千伏	35千~110千伏	220千伏及以上	最大需量/元·(千瓦·月)⁻¹	交压器容量/元·(千伏安·月)⁻¹
一般工商业及其他用电	0.1995	0.1834	0.1741	—	—	—
大工业用电	—	0.1074	0.0386	0.0212	32	23

注：1. 表中电价含增值税、线损及交叉补贴，不含政府性基金及附加。

2. 表中为广东电网（不含深圳）的平均输配电价水平。

3. 一般工商业用电35千~110千伏以上用户按35千~110千伏输配电价水平执行。

表 1-28 深圳电网输配电价表

用电分类		电度电价/元·(千瓦·时)⁻¹					容(需)量电价	
		10千伏高供高计	10千伏高供低计(380伏/220伏计量)	20千伏	110千伏	220千伏及以上	最大需量/元·(千瓦·月)⁻¹	交压器容量/元·(千伏安·月)⁻¹
工商业及其他用电（101千~3000千伏安）①	每月每千伏安用电250千瓦·时及以下	0.1804	0.2054	0.1744	0.1554	0.1304	54	22
	每月每千伏安用电250千瓦·时及以上	0.1604	0.1854	0.1544	0.1354	0.1104		

续表 1-28

用电分类		电度电价/元·(千瓦·时)⁻¹					容（需）量电价	
		10千伏高供高计	10千伏高供低计(380伏/220伏计量)	20千伏	110千伏	220千伏及以上	最大需量/元·(千瓦·月)⁻¹	交压器容量/元·(千伏安·月)⁻¹
工商业及其他用电（3001千伏安及以上）②	每月每千瓦用电400千瓦·时及以下	0.1304	0.1554	0.1244	0.1054	0.0804	42	32
	每月每千瓦用电400千瓦·时及以上	0.1104	0.1354	0.1044	0.0854	0.0604		
工商业及其他用电（100千伏安及以下和公变接入用电）③		—	0.2385	—	—	—	—	—

注：1. 表中电价含增值税、线损及交叉补贴，不含政府性基金及附加。

2. 参与电力市场化交易用户的输配电价水平执行上表价格，并按规定标准另行征收政府性基金及附加。其他用户继续执行目录销售电价政策。

3. 3001 千伏安及以上的工商业用户可选择执行第一或第二用电分类。

4. ①～③用电分类分别对应原价目表的大量、高需求、普通工商业及其他用电类别。

表 1-29 广西电网输配电价表

用电分类		电度电价/元·(千瓦·时)⁻¹					容（需）量电价	
		不满1千伏	1千~10(20)千伏	35千伏	110千伏	220(330)千伏	最大需量/元·(千瓦·月)⁻¹	交压器容量/元·(千伏安·月)⁻¹
工商业及其他用电	单一制	0.3184	0.3034	0.2884	—	—		
	两部制	—	0.2700	0.1243	0.0993	0.0471	34	27.5

注：1. 表中各电价含增值税、线损、交叉补贴及区域电网容量电价，不含政府性基金及附加。

2. 参与电力市场化交易用户的输配电价水平执行上表价格，并按规定标准另行征收政府性基金及附加。其他用户继续执行目录销售电价政策。

3. 500 千伏 "网对网" 外送电省外购电用户承担的送出省输电价格不超过 0.0165 元/（千瓦·时）（含税、含线损）。

表 1-30 海南电网输配电价表

用电分类	电度电价/元·(千瓦·时)⁻¹					容（需）量电价	
	不满1千伏	1千~10千伏	35千伏	110千伏	220千伏	最大需量/元·(千瓦·月)⁻¹	交压器容量/元·(千伏安·月)⁻¹
一般工商业及其他用电（100千伏安以下）	0.3062	0.2831	—	—	—	—	—

续表1-30

用电分类	电度电价/元·(千瓦·时)⁻¹					容(需)量电价	
	不满1千伏	1千~10千伏	35千伏	110千伏	220千伏	最大需量/元·(千瓦·月)⁻¹	交压器容量/元·(千伏安·月)⁻¹
大工业用电(315千伏安以上)	—	0.1867	0.1332	0.1315	0.1217	38	26
除大工业外的工商业及其他用电(100千伏安以上)	—	0.1867	0.1332	0.1315	0.1217	31.6	21.6

注：1. 表中各电价含增值税、线损、交叉补贴及区域电网容量电价，不含政府性基金及附加。

2. 参与电力市场化交易用户的输配电价水平执行上表价格，并按规定标准另行征收政府性基金及附加。其他用户继续执行目录销售电价政策。

表1-31　重庆电网输配电价表

用电分类	电度电价/元·(千瓦·时)⁻¹					容(需)量电价	
	不满1千伏	1千~10(20)千伏	35千伏	110千伏	220(330)千伏	最大需量/元·(千瓦·月)⁻¹	交压器容量/元·(千伏安·月)⁻¹
一般工商业及其他用电	0.2583	0.2383	0.2183	0.2033	—	—	—
大工业用电	—	0.1838	0.1555	0.1332	0.1132	36	24

注：1. 表中各电价含增值税、线损、交叉补贴及区域电网容量电价，不含政府性基金及附加。

2. 参与电力市场化交易用户的输配电价水平执行上表价格，并按规定标准另行征收政府性基金及附加。其他用户继续执行目录销售电价政策。

3. 500千伏"网对网"外送电省外购电用户承担的送出省输电价格不超过0.0219元/(千瓦·时)(含税、含线损)。

表1-32　四川电网输配电价表

用电分类		电度电价/元·(千瓦·时)⁻¹					容(需)量电价	
		不满1千伏	1千~10千伏	35千伏	110千伏	220千伏	最大需量/元·(千瓦·月)⁻¹	交压器容量/元·(千伏安·月)⁻¹
工商业及其他用电	单一制	0.2734	0.2511	0.2288	—	—	—	—
	两部制	—	0.1626	0.1355	0.0958	0.0668	33	22

注：1. 表中各电价含增值税、线损、交叉补贴及区域电网容量电价，不含政府性基金及附加。

2. 参与电力市场化交易用户的输配电价水平执行上表价格，并按规定标准另行征收政府性基金及附加。其他用户继续执行目录销售电价政策。

3. 500千伏"网对网"外送电省外购电用户承担的送出省输电价格不超过0.06元/(千瓦·时)(含税、含线损)。

表 1-33 贵州电网输配电价表

用电分类		电度电价/元·（千瓦·时）⁻¹					容（需）量电价	
		不满1千伏	1(20)千伏	35千伏	110千伏	220千伏	最大需量/元·（千瓦·月）⁻¹	交压器容量/元·（千伏安·月）⁻¹
工商业及其他用电	单一制	0.2791	0.2525	0.2335	—	—	—	—
	两部制	—	0.1616	0.1271	0.0905	0.0657	32	23

注：1. 表中各电价含增值税、线损及交叉补贴，不含政府性基金及附加。

2. 参与电力市场化交易用户的输配电价水平执行上表价格，并按规定标准另行征收政府性基金及附加。其他用户继续执行目录销售电价政策。

3. 500千伏"网对网"外送电省外购电用户承担的送出省平均输电价格不超过0.03元/（千瓦·时）（含税、含线损），其中500千伏输电价格不超过0.0276元/（千瓦·时）。

表 1-34 云南电网输配电价表

用电分类	电度电价/元·（千瓦·时）⁻¹					容（需）量电价	
	不满1千伏	1千~10千伏	35千伏	110千伏	220千伏	最大需量/元·（千瓦·月）⁻¹	交压器容量/元·（千伏安·月）⁻¹
一般工商业及其他用电	0.1411	0.1311	0.1211	—	—	—	—
大工业用电	—	0.1459	0.1229	0.0791	0.0611	37	27

注：1. 表中各电价含增值税、线损、交叉补贴及区域电网容量电价，不含政府性基金及附加。

2. 参与电力市场化交易用户的输配电价水平执行上表价格，并按规定标准另行征收政府性基金及附加。其他用户继续执行目录销售电价政策。

3. 500千伏"网对网"外送电省外购电用户承担的送出省输电价格不超过0.064元/（千瓦·时）（含税、含线损）。

表 1-35 陕西电网输配电价表

用电分类	电度电价/元·（千瓦·时）⁻¹					容（需）量电价	
	不满1千伏	1千~10(20)千伏	35千伏	110千伏	220(330)千伏	最大需量/元·（千瓦·月）⁻¹	交压器容量/元·（千伏安·月）⁻¹
一般工商业及其他用电	0.1851	0.1651	0.1451	—	—	—	—
大工业用电	—	0.1054	0.0854	0.0654	0.0604	31	22

注：1. 表中各电价含增值税、线损、交叉补贴及区域电网容量电价，不含政府性基金及附加。

2. 参与电力用户与发电企业直接交易的输配电价水平执行上表价格，并按现行目录销售电价表中规定标准另行征收政府性基金及附加。其他用户继续执行目录销售电价政策。

3. 110千伏及以上"网对网"外送电省外购电用户承担的送出省平均输电价格不超过0.022元/（千瓦·时）（含税、含线损），最高不超过0.03元/（千瓦·时）。

表1-36　甘肃电网输配电价表

用电分类	电度电价/元·(千瓦·时)⁻¹					容（需）量电价	
	不满1千伏	1千~10千伏	35千伏	110千伏	220千伏	最大需量/元·(千瓦·月)⁻¹	交压器容量/元·(千伏安·月)⁻¹
一般工商业及其他用电	0.3065	0.2965	0.2865	—	—	—	—
大工业用电	—	0.0978	0.0838	0.0718	0.0608	28.5	19

注：1. 表中各电价含增值税、线损、交叉补贴及区域电网容量电价，不含政府性基金及附加。

　　2. 参与电力市场化交易用户的输配电价水平执行上表价格，并按规定标准另行征收政府性基金及附加。其他用户继续执行目录销售电价政策。

　　3. 500千伏及以上"网对网"外送电省外购电用户承担的送出省平均输电价格不超过0.0261元/（千瓦·时）（含税、含线损），最高不超过0.03元/（千瓦·时）。

表1-37　青海电网输配电价表

用电分类	电度电价/元·(千瓦·时)⁻¹					容（需）量电价	
	不满1千伏	1千~10千伏	35千伏	110千~220千伏	330千伏	最大需量/元·(千瓦·月)⁻¹	交压器容量/元·(千伏安·月)⁻¹
一般工商业及其他用电	0.1655	0.1605	0.1555	—	—	—	—
大工业用电	—	0.0859	0.0759	0.0659	0.0559	28.5	19

注：1. 表中各电价含增值税、线损、交叉补贴及区域电网容量电价，不含政府性基金及附加。

　　2. 参与电力市场化交易用户的输配电价水平执行上表价格，并按规定标准另行征收政府性基金及附加。其他用户继续执行目录销售电价政策。

　　3. 500千伏及以上"网对网"外送电省外购电用户承担的送出省平均输电价格不超过0.03元/（千瓦·时）（含税、含线损）。

表1-38　宁夏电网输配电价表

用电分类	电度电价/元·(千瓦·时)⁻¹						容（需）量电价	
	不满1千伏	1千~10千伏	35千伏	110千伏	220千伏	330千伏及以上	最大需量/元·(千瓦·月)⁻¹	交压器容量/元·(千伏安·月)⁻¹
一般工商业及其他用电	0.2096	0.1896	0.1696	—	—	—	—	—
大工业用电	—	0.1108	0.0958	0.0808	0.0658	0.0578	30	20

注：1. 表中各电价含增值税、线损、交叉补贴及区域电网容量电价，不含政府性基金及附加。

　　2. 参与电力市场化交易用户的输配电价水平执行上表价格，并按规定标准另行征收政府性基金及附加。其他用户继续执行目录销售电价政策。

　　3. 500千伏及以上"网对网"外送电省外购电用户承担的送出省平均输电价格不超过0.0169元/（千瓦·时）（含税、含线损），最高不超过0.03元/（千瓦·时）。

表 1-39 新疆电网输配电价表

用电分类	电度电价/元·(千瓦·时)⁻¹					容（需）量电价	
	不满 1 千伏	1 千~ 10 千伏	35 千伏	110 千伏	220 千伏 及以上	最大需量 /元·(千瓦·月)⁻¹	交压器容量 /元·(千伏安·月)⁻¹
一般工商业及 其他用电	0.1737	0.1707	0.1667	—	—	—	—
大工业用电	—	0.1305	0.1223	0.1105	0.0938	33	26

注：1. 表中各电价含增值税、线损、交叉补贴及区域电网容量电价，不含政府性基金及附加。

2. 参与电力市场化交易用户的输配电价水平执行上表价格，并按规定标准另行征收政府性基金及附加。其他用户继续执行目录销售电价政策。

3. 500 千伏及以上"网对网"外送电省外购电用户承担的送出省平均输电价格不超过 0.0349 元/（千瓦·时）（含税、含线损）。

4. 地方电网和增量配电网配电价格

配电网区域内电力用户的用电价格，由上网电价或市场交易电价、上一级电网输配电价、配电网配电价格、政府性基金及附加组成。用户承担的配电网配电价格与上一级电网输配电价之和不得高于其直接接入相同电压等级对应的现行省级电网输配电价。

省级价格主管部门应根据本省情况，充分征求有关企业和社会意见后，选择合适的配电价格定价方法。核定配电价格时，应充分考虑本地区上网电价、省级电网输配电价、趸售电价、销售电价等现行电价，并结合地区经济发展需求、交叉补贴等情况，合理选取定价参数。

（1）对于招标方式确定投资主体的配电网项目，采用招标定价法确定配电价格。竞标主体应同时做出投资规模、配电容量、供电可靠性、服务质量、线损率等承诺。政府相关主管部门对合同约定的供电服务标准等进行监管和考核，没有达到约定标准的，相应核减配电价格。

（2）对于非招标方式确定投资主体的配电网项目，可以选择准许收入法、最高限价法和标尺竞争法三种定价方法中的一种或几种方法确定配电价格。对于同一类型配电网，应选择相同定价方法。

1）准许收入法。省级价格主管部门在能源主管部门确定配电网规划投资及项目业主确定投资计划后，参照《省级电网输配电价定价办法（试行）》（发改价格〔2016〕2711 号），核定配电网企业监管周期内的准许成本、准许收益、价内税金，确定监管周期内的年度准许收入，并根据配电网预测电量核定监管周期的独立配电价格。

2）最高限价法。先按照"准许成本加合理收益"的方法测算某个配电网的配电价格，再参照其他具有可比性的配电网配电价格，结合供电可靠性、服务质量等绩效考核指标，确定该配电网的配电最高限价，由配电网企业制定具体配电价格方案，报省级价格主管部门备案。鼓励各地探索建立最高限价随居民消费价格指数和效率提高要求挂钩的调整机制。

3）标尺竞争法。先按照"准许成本加合理收益"的方法测算某个配电网的配电价格，再按测算的该配电网配电价格与本省其他配电网配电价格的加权平均来最终确定该配电网的配电价格。在首个监管周期，可给予该配电网以较高权重。配电网差异较小的地区，也可以同类型配电网社会平均先进水平为基准，按省分类制定标杆配电价格。

三、售电侧改革

(一) 指导思想与主要路径

2015 年开启的第二轮电力体制改革根本解决两方面的问题，对外是解决向全社会提供优质、经济、清洁、方便的电能商品的问题，对内是解决电力各环节利益平衡和合理分配的问题。

1. 售电侧改革的主要指导思想

(1) 维护用户的选择权。没有选择就没有竞争，上一轮电改的主要任务就是厂网分开，主要作用就是在发电侧引入竞争。但是在配售电环节仍然是电网公司一家售电主体，用户没有选择权，形成了一定程度的垄断。因此，解除配售电侧的垄断，赋予用户购电选择权是售电侧改革的一个重要的指导思想。

(2) 厘清政府和市场的关系。处理好政府和市场之间的关系是经济体制改革的核心问题，发挥市场在资源配置中的决定性作用，发挥政府在引导经济运行的指挥棒作用，减少政府对于资源的直接配置，推动资源配置依据市场规则、市场价格、市场竞争实现效益最大化和效率最优化。进一步简政放权，政府的管理职权留给政府，企业的经营职责留给企业，能够通过市场调节的对象放归市场是应有之义。政府通过战略布局、事前规划、政策引导、事中监管等手段掌控电力发展的模式和运营方向。

(3) 促进垄断业务和竞争性业务分离。输配电业务具有自然垄断属性，但是售电业务又具有一定的市场属性，输配电与售电业务的分离是售电侧改革的一个重要方向，在发电与输配电分离的基础上推进售电与输配电的分离，使得市场上不同属性的企业按照不同的经营特点，差异化地提供更为专业、精准的服务。

(4) 发挥电价的杠杆作用。改变价格形成机制，由政府定价转变为市场竞价，让市场发现价格，弱化政府对于价格的管制，发挥市场价格对于市场供需平衡的调节作用，发挥价格反映市场经济运行状况的晴雨表作用。

(5) 建立电能量自由交易制度。还原电能商品属性，减少发用电计划的制定，电能量由市场供需双方按照供给能力、需求状况、成本要求等客观需求，经过协商、挂牌交易，充分体现供需双方市场主体的意愿，发挥价值规律的作用。

2. 售电侧改革的主要路径

第一步要建立直供用户与发电企业的直接交易，包含建立双轨制市场，成立竞争性售电公司，开放用户多种用电选择权等。

第二步是实施网售分离体制建设，包括把电网公司逐步向输配电公司转化，组建政策性售电公司，核定到终端用户的输配电价格，在售电端发展多元化的市场主体，加强交易中心建设等。

第三步是实施容量、电量、辅助服务和可再生能源配额相互依存的电力市场机制。

（二）用户的开放

用户在电力交易链中处于最末端，多数用户体量小、分散度高，是电力商品的最终使用者。售电侧改革在于实现用户的自由选择权，实现价格信号在生产侧、需求侧的顺畅传导，厘清市场机制，实现上下游价格联动，实现社会用能效率提升和能源消费总量的控制。

1. 用户开放的改革要点

（1）竞争业务与垄断业务分离。售电侧是服务电力用户的最直接的环节，放开用户的选择权就是要建立市场化的电力销售主体，构建市场化、专业化的服务方式。把售电职能与输配电职能剥离出来，就是使售电拜托输配电的自然垄断，通过多家售电公司的竞争和发电侧的竞争，构建双边竞争性电力市场。售电公司从事竞争性业务，售电环节与输配电环节分离，便于用户根据自愿方便选择售电公司，促进售电公司提供更加优质专业的服务，争取用户的选择。

（2）同步建设批发市场与零售市场。电力批发市场和零售市场同等重要，发电企业、售电公司、大用户都可以是电力批发市场的交易主体，批发市场建立了具有相当规模的售电侧竞争格局。零售市场是售电公司将电能销售给终端中小用户的行为，售电公司通过批发市场购电和零售市场卖电之间的购售价差实现盈利。

（3）加快建设零售市场。用户的开放式逐步开放的，最开始从大工业用户开始，逐渐走向大商业用户、中小工业用户、中小商业用户直至居民用户、农业用户，随着工业化、商业化进程的加快，分散用户数量持续增加，必须要加快零售市场的建设，引入零售市场的竞争性。

2. 用户分类

按照用户参与市场的情况，用户可以分为以下两类。

（1）批发市场有议价能力的用户。直供用户是在电力交易中可以与发电企业或者售电公司直接和交易的用户，目前接高压配电网的工业用户直供用户较多。园区用户是发购内部自平衡的工业用户，原则上自发自用，通过批发市场达成交易，有一定的议价能力，利用大电网作为备用，原则上不对外供电。代理用户是中小用户选择将售电公司作为代理人，进入电力批发市场参与电能交易。

（2）零售市场没有议价能力的用户。保护性用户：居民用电、农业生产和生活用电用户没有议价能力，这部分政策用户执行比省内平均目录电价低的优惠电价；普通用户：不符合保护性条件，不符合进入批发市场的条件，可以自主选择售电公司进行购电的用户。

3. 交叉补贴

交叉补贴问题是售电侧改革必须解决的问题。交叉补贴是工业用户承担居民和农业用户等低价用户补贴。

要解决交叉补贴问题，首先要对电价体系进行变革，对电价进行切分，实现电价和基金功能的分离，体现电价和基金的不同属性。电价是市场供求平衡的结果，由市场发现，具有公平的特征，市场主体通过协商、竞价等方式发现的价格是交易价格。基金是政府的二次调节手段，由大多数用户补贴低端用户，具有普遍服务的性质。

交叉补贴要变暗补位明补，变补电价为补金额，市场组织者负责编制补贴的额度并向市场成员公布，按照以需定征的方式，向所有非保护性用户以基金的形式进行价外征收，政府实行监管。

（三）售电体制机制

售电侧市场改革的目标是打破电能单一销售和单一购买的垄断格局，赋予用户选择权，使用户能够自主决定交易对象、数量质量、用电方式等。

1. 售电侧体制变革必要性

输配电网络是用来传输电能的载体，因为其建设成本高昂、固定资产投资大、重复建设效率低，一旦建成，电能输送量越大，边际成本越低，这种投资沉淀性和建设的唯一性为市场进入提供了较高的门槛，形成了一定的自然垄断性。

在发电侧，目前已经形成五大发电集团和若干中小发电企业，甚至有民营、个人发电企业，分布式发电系统，发电侧市场成员数量较多，已经形成了一定的竞争格局。

在售电侧，电能交易是一种市场交易行为，产品和服务不具有垄断性，因此售电侧应该具有一定的市场属性，可以通过市场发现价格，充分发挥市场的资源配置作用。凡是能够由市场形成价格的都交给市场，放开竞争性环节价格有利于社会资源的经济分配和高效运作。

因此，输配电业务是自然垄断环节，引入竞争存在一定的难度，但是售电环节可以是竞争性环节，将输配电与售电相对分离，在售电侧引入竞争，可以推进电力交易向更为市场化的方向发展。

2. 售电公司的成立

一个健全的市场不仅要有充足数量的买方，也一定要有足够数量的卖方，要赋予更多用户的选择权，在双方互相选择下才能构建高效的售电市场。

中小用户受市场开放程度、规避政策风险等因素影响，既没有议价能力，也没有直接向发电企业购电的条件，居民用户和农业生产生活用户因为历史原因还需要保障低价，需要一定的交叉补贴，因此对于这部分需要特殊保障、无法竞争性售电的用户有政策性售电公司。

政策性售电公司需要获得特许售电业务许可，是保底供电公司，有为经营区域内所有用户提供售电服务的义务。一般一个经营区域内只有一个政策性售电公司。在我国，当前的政策性售电公司就是电网公司。

政策性售电公司区别于竞争性售电公司的主要特征包括以下三个方面。

（1）提供无条件的保底供电服务。由于市场竞争等原因造成的竞争性售电公司破产或者收缩经营范围，保底供电服务由政策性售电公司承担，政策性售电公司承担了较大的社会保供电、保稳定的职责。

（2）接受政策性补贴。政策性售电公司的用户其中较大一部分为没有议价能力的中小用户、居民用户、农业用户，需要接受工商业用户提供的交叉补贴，或许还需要政府财政部门给予一定的经营补贴，否则由于用户的低价造成政策性售电公司无法经营。

（3）政策性售电公司不损害其他售电公司的利益。政策性售电公司承担保底供电任务的同时也可以通过有利的价格手段争取售电市场，同时也会接受市场竞争，接受竞争性售电公司抢占部分市场的现实。

政策性售电公司既有政策性业务，也有竞争性业务，两种业务要分开核算。政策性业务包括取得特许售电业务许可，承担经营区域内普遍服务的义务，对保护性用户按照市场定价和政府定价进行售电并接受一定的补贴。竞争性业务包括向发电企业购电，向经营区所有用户开放，提供售电服务，向售电对象提供售电商品组合和服务价格。

竞争性售电公司是市场化企业，按照市场化方式运作，没有营业区限制，需要取得售电业务许可，不承担普遍服务的责任，为具备条件的用户提供售电服务，可以通过用电用户的代理和选择发挥规模效应。

售电公司无论是政策性售电公司还是竞争性售电公司，其基本职能是一致的，包含以下几点。

（1）掌握国家经济发展趋势和电力供应形势，掌握电力系统运行规律和电价政策，按照国家电价政策和产业扶持政策执行合理电价，向用户提供具有性价比的电能供应服务。

（2）与用电客户签订供用电合同，按照客户需求参与交易中心组织的市场交易，参与电力批发市场和零售市场，通过购售价差的方式获取盈利。

（3）负责用户的包装、计量、计算、收费等业务，负责电能表计的安装、运行、维护，接受技术监督部门和市场管理部门的监督。

3. 售电主体准入与退出

向社会资本开放售电业务，多途径培育售电侧市场竞争主体，有利于更多的用户拥有选择权，提升售电服务质量和用户用能水平。

电网企业对供电营业区内的各类用户提供电力普遍服务，保障基本供电，承担其供电营业区保底供电服务；发电企业及其他社会资本均可投资成立售电公司；拥有分布式电源的用户，供水、供气、供热等公共服务行业，节能服务公司等均可从事市场化售电业务。

参与竞争的售电主体可分为三类：一是电网企业的售电公司；二是社会资本投资增量配电网，拥有配电网运营权的售电公司；三是独立的售电公司，不拥有配电网运营权，不承担保底供电服务。

同一供电营业区内可以有多个售电公司，但只能有一家公司拥有该配电网经营权，并提供保底供电服务。同一售电公司可在多个供电营业区内售电。

按照简政放权的原则，《关于推进售电侧改革的实施意见》（发改经体〔2015〕2752号）对售电侧市场的准入和退出机制做了创新性安排，这是新一轮电力体制改革中的一个亮点。

准入机制方面，将以注册认定代替行政许可的准入方式，以降低行政成本，实现有效监管，提升工作效率。重点是"一承诺、一公示、一注册、两备案"。

"一承诺"，就是符合准入条件的市场主体应向省级政府或省级政府授权的部门提出申请，按规定提交相关资料，并做出信用承诺。

"一公示"，就是省级政府或省级政府授权的部门通过"信用中国"等政府指定网站将市场主体是否满足准入条件的信息、相关资料和信用承诺向社会公示。公示期满无异议的纳入年度公布的市场主体目录，并实行动态管理。

"一注册"，就是列入目录的市场主体可在组织交易的交易机构注册，获准参与交易。

"两备案"，就是在能源监管机构和征信机构备案。

退出机制方面，《关于推进售电侧改革的实施意见》明确，市场主体违反国家有关法律法规、严重违反交易规则和破产倒闭的须强制退出市场，列入黑名单，不得再进入市场，并由省级政府或省级政府授权的部门在目录中删除，交易机构取消注册。市场主体退出前，应将所有已签订的购售电合同履行完毕或转让，并处理好相关事宜。

4. 售电公司发展方向

近几年来，电力系统运行特性发生了明显的变化，特高压电网逐步互联成网，跨省跨区电力输送从输送能力到输送电量上都实现了质的飞跃，西电东送和北电南送的格局逐步建立。在发电侧，清洁能源快速发展，风电、光伏逐渐成为影响电力系统运行的主流能源，清洁能源对电力系统转动惯量、短路电流水平和系统稳定情况逐步产生不可估量的影响；在用电侧，电力电子技术应用逐步广泛，电力系统谐波、小干扰逐步增多，充电桩、储能、可控负荷等新型技术逐步得到应用，电力系统呈现夏季和冬季两个负荷高峰，电力峰谷差逐年变大，系统调峰难度显著增强。

这些客观存在系统变化要求电力系统向智能化方向转变。所谓智能电网，就是以包括发电设备、输电设备、配电网络、储能设备和用电设备在内的物理网络为基础，将现代传感技术、网络技术、通信技术、计算机技术和自动控制技术广泛应用，使之与物理电网高度融合而形成的新型电网，智能电网可以实现电力需求和资源的优化配置，确保电力供应的安全性、可靠性和经济性，满足环保约束，保障电能质量，适应市场化发展，实现对于经济发展的支撑作用。

从智能电网的构成来看，智能体现在技术和经济两个方面。从技术方面来看，一次系统和二次系统的硬件和软件都要先进、要可靠、要协同发展；从经济方面来看，要逐步走向市场化的电力体制，实现市场主体多元化，交易方式多样化，要建立合理的市场机制将发输变配售用各方有机结合起来。

智能电网存在以下几个特征。

（1）坚强。在电网发生大扰动和故障时，仍能保持对用户的供电能力，而不发生大面积停电事故；在自然灾害、极端气候条件下或外力破坏下仍能保证电网的安全运行；具有确保电力信息安全的能力。

（2）自愈。具有实时、在线和连续的安全评估和分析能力，强大的预警和预防控制能力，以及自动故障诊断、故障隔离和系统自我恢复的能力。

（3）兼容。支持可再生能源的有序、合理接入，适应分布式电源和微电网的接入，能够实现与用户的交互和高效互动，满足用户多样化的电力需求并提供对用户的增值服务。

（4）经济。支持电力市场运营和电力交易的有效开展，实现资源的优化配置，降低电网损耗，提高能源利用效率。

（5）集成。实现电网信息的高度集成和共享，采用统一的平台和模型，实现标准化、规范化和精益化管理。

（6）优化。优化资产的利用，降低投资成本和运行维护成本。

售电公司在智能电网的大背景下，其必然要向综合智慧能源供应商转变。

所谓综合智慧能源，就是为区域内用户提供电、热、冷、气、水等能源的一体化解决方案，发挥不同能源品种的协同优势，实现能源供给侧优化，利用不同能源的差异化，实现用能需求的互补，创新新能源消费方式，实现高效智慧用能，建立综合能源控制平台，实现源网荷协同运营，最大限度促进清洁能源消纳。

综合智慧能源意义重大，首先是转变能源供给方式，同时实现电热冷气水多种能源品种供应，通过能源生产互补，优化生产和供应方式，提升能源综合利用效率。其次是转变能源消费方式，通过市场化的价格体系，实现能源消费与能源生产的互动，进一步降低用能成本，再次是转变能源服务方式，综合智慧能源以大数据、云计算、物联网等技术实现绿色用能多渠道互动、分布式电源友好接入，提供一站式能效服务。最后，优化能源供应结构，充分调动调峰能力，挖掘清洁能源资源的消纳空间，构建清洁、低碳、高效的能源供应体系。

售电公司向综合智慧能源供应商转变，售电公司由于承担营业区内用户的售电义务和市场优势，对可再生能源发展和多种能源的高效、协同、智能使用提供便利条件。售电公司探索对经营区域内用户做深入的市场调研和分析，了解和熟悉用户对各种能源的需求，实现不同时段、不同用户用能的合理组合。售电公司应面向客户，为用户发展分布式电源、应用储能技术等提供便利条件，促进用户科学用能、节约用能，降低单位能源污染排放，实现全社会节约能源。

第二章 国资国企改革

第一节 国有企业的改革历程和存在的主要问题

一、国企改革历程

我国国企改革从改革开放开始，基本可以分为五个阶段。

第一个阶段是 1978 年至 1984 年，主要的改革措施是调整政府和企业之间的关系。改革开放以前，国有企业产品统购统销，就业统包统揽，企业经营基本由政府负责，企业不需要对于营业额和利润负责。在国企改革的第一阶段，国有企业还不是真正的市场主体。1983 年，国家推出利改税的措施，把原先企业上缴利润改为上缴税收，调整了政府和企业的分配关系。1984 年国务院印发了《关于进一步扩大国营工业企业自主权的暂行规定》，放宽了企业在生产经营计划、产品销售和定价等方面的自主权利，进一步扩大了国有企业的自主经营权。

第二阶段为 1984 年至 1993 年，主要的改革措施是实施国有企业的两权分离。1986 年全国人大通过民法通则，以民事基本法的形式确立了企业法人制度，确定了国有企业的法人地位。1986 年国务院印发《关于深化企业改革增强企业活力的若干规定》，提出所有权和经营权的分离，对于全民所有制企业，可以试行租赁、承包经营、试点经营责任制和股份制。1992 年国务院印发《全民所有制工业企业转换经营机制条例》，确认了 14 项企业自主经营权。

第三阶段为 1993 年至 2003 年，主要改革措施是完善现代企业经营机制。1993 年 11 月，第十四届三中全会通过《中共中央关于建立社会主义市场经济体制若干问题的决定》，明确国有企业改革的基本方向是建立适应市场经济要求、产权清晰、权责明确、政企分开、管理科学的现代企业制度。1993 年，《中华人民共和国公司法》获得第八届全国人民代表大会常委会通过。1998 年开始，国有企业实施了优胜劣汰，一些经营不善的企业实施了政策性关闭破产，减轻了国有企业的经营负担。1999 年，中央和地方共 2500 多家国有企业按照公司制建立了现代企业制度。

第四阶段为 2003 年至 2015 年，主要措施为调整国资国企管理关系。2003 年，国务院印发《企业国有资产监督管理暂行条例》，成立了国有资产管理委员会作为国有资产出资人代表，建立国有资产监管体制框架，对国有企业进行了战略性重组，中央企业80%以上资产集中在石油、电力、国防、通信、运输、采矿、冶金等行业，在经济发展中发挥了中流砥柱的作用，形成了一批具有国际竞争力的特大型企业。

第五阶段为2015年至今，主要措施是全面深化国有企业改革。要发挥市场对于资源配置的决定性作用，把国有企业打造成完全独立的市场主体，推进国有企业与市场经济制度的深度融合，国资监管向管资本过度。

二、国企改革面临的主要问题

国有企业是在计划经济下逐步发展起来的，在计划经济体制向市场经济体制的过渡过程中，国有企业不断地面对新的经济环境，不断产生各种经营问题，因此，国有企业改革的道路是漫长且艰难的，国有企业改革也要针对问题有效率地改革。

国有企业存在主要问题有以下几点。

（1）经营效率低下的问题。国有企业从计划经济体制过渡过来，以前的国企工作人员大多有捧着"铁饭碗"的心态，国有企业成为独立的经营主体也只有几十年，有些国有企业缺乏主动经营、不断追求经济效益的动力，经营压力也没有进行有效地传导，导致国有企业经营效率低下。对于市场环境的变化适应能力较弱，决策流程漫长机械，反应不够灵活，创新机制没有建立起来。

（2）内部经营体制的问题。国有企业内部管理体制尚未完全理顺，体现在三个方面：

1）董事会、股东会的决策冲突的问题，没有理顺决策的议事规则；

2）董事会和经理层的作用不够明晰，董事会没有发挥重大决策作用，董事会介入具体经营管理，经理层越位决策或者管理不善；

3）现代管理制度不够健全，管理流程和工作流程与国际大公司有较大差距的问题。

第二节 国有企业改革的方向和总体思路

国有企业是我国经济的中流砥柱，是中国特色社会主义重要的经济基础，是中国共产党执政兴国的重要支柱和力量。在社会主义市场经济中离不开国有企业，国有企业在建设现代化强国、建设社会主义市场经济，实现全民共同富裕上的作用是不可替代的。

一、国有企业的地位

国有企业在国民经济社会发展具有举足轻重和不可动摇的地位，具体体现在以下五个方面。

（1）国有企业发挥保障国家安全的重要作用。国有企业主要集中在基础设施，特别是在石油、电力、通信、军工、金融、交通等领域广泛布局，这些在国民经济发展中都处于核心地位，属于风险高、作用广、影响深的经济环节，处在关键领域的国有企业在国家安全和经济保障中处于主导地位。一旦发生问题可能造成经济的重大损失，社会的重大问题或者影响国家安全。因此，国家将重要经济领域交给国有企业来做，让国有资本在国家经济命脉中发挥压舱石的作用。

（2）国有企业是国家经济调控的抓手。社会主义市场经济的主要特征就是市场作为调节经济的主要动力，在市场失灵的情况下，政府也要发挥一定的引导和调节作用，国有企业就是政府实施经济调节的一种手段，在大宗商品、普遍服务等领域，稳定市场、稳定物价，稳定经济发展是国有企业义不容辞的责任，在自然垄断、公共产品发挥国有企业稳定剂的作用是国家有意的制度安排和经济策略，就是要维护社会稳定，维持经济向好发展。

（3）国有企业是创新的主要动力。近年来，我国对于技术创新、管理创新越来越重视，从世界经济角度看，不掌握核心技术始终要受制于人，核心技术的突破仅仅靠民营企业和自由市场的力量是难以完成的，国有企业在资金和人力上有先天的优势。因此，借助国有企业的力量进行技术攻关和创新突破，解决在关键领域受制于人的局面，是国有企业运营的一个重要目的。在创新上国有企业发挥了重要作用，才能引领产业升级转型和经济结构优化，推动我国工业化的实现和中等收入陷阱的跨越。

（4）国有企业是保障民生的重要基础。国有企业特别是电力、粮食、公共交通、通信等领域的国有企业，保障了公民在生产资料占有的平等地位和全民公共利益的一致，保障了基础民生资料的供给充足和价格稳定，是维护国民经济发展和维护社会稳定的主要力量。

（5）国有企业是国际竞争力的基础。在经济全球化的今天，我国企业助力"一带一路"建设，不断在国际市场发挥作用，在亚非拉等地区的基础设施建设上发挥了重要作用。同时，在国际市场竞争中，民营企业在技术、规模和效率上难以与发达国家的企业相抗衡，只有发挥国有企业的优势，才能在国际竞争市场上站稳脚跟，因此，我国亟须涌现一批能够在国际市场上占有一定市场份额的国有企业，增加国家的话语权。

二、国有企业的功能定位

国有企业是发展基础设置和公共服务的主体。基础设施和公共服务普遍存在三个特征：

（1）投资规模大，投资回收期长，利润率较低，进入门槛较高，民营资本往往受资金和资质限制，难以进入；

（2）具有一定的公共产品属性，社会效益高于经济效益，民营企业经营存在逐利性，可能带来不良的社会影响；

（3）具有一定的垄断属性，铁路、供水、供电和石油关系民生，且处于自然垄断属性，关系国民经济命脉，只能由国有企业运营。

因此，国有企业一个重要定位就是提供公共服务和公共产品的主体，负责发展基础设施，为国民生产生活提供基础服务。

国有企业是核心技术攻关的主体。我国已经成为工业大国，但是产业链和价值链仍然较为低端，不少产业处于低技术含量、低价值附加的环节，一些核心技术存在卡脖子的问题。国有企业作为资源较为集中的经营主体，承担着突破制造业包含芯片、5G 等一系列技术瓶颈的任务，只有通过独立自主的技术研发，掌握核心技术，才能摆脱部分发达国家的打压和封锁。航空发动机、复合材料、精细化工、操作系统、微电子芯片等核心技术更是需要国家建设国有企业创新平台，集中人力物力攻关，实现技术赶超。

国有企业是推动国家产业转型升级的主体。国有企业必须锚定布局战略新兴产业，抢占技术发展先机，把争夺经济科技制高点作为战略重点。不断开发新兴产业相关产品，不断开拓新兴市场，引领国家产业升级，主导战略新兴产业发展。

国有企业是带动非公经济发展的主体。国有企业和非国有企业都是国民经济的重要组成部分，两者共同促进了经济发展但分工不同，在对生产资源的竞争过程中，国有企业具有先天优势，在国有企业做优做大做强的同时，也应该带动非国有企业发展，与非国有企业共同投资、协同发展，适时推进混合所有制改革，发挥优势互补作用，促进国民经济整体健康发展。

三、国企改革的主要方向

当前，国企改革已经进入深水区、攻坚期，情况更为复杂，改革难度加大，需要进一步明确改革的方向，进一步将改革统一到党中央和国务院的统一部署上来。

国有企业是我们党执政兴国的重要支柱和依靠力量，是全面建设社会主义现代化强国的主力军。要通过加强和完善党对国有企业的领导，加强和改进国有企业治理体系，使国有企业成为党和人民信赖的力量，不断巩固和完善社会主义市场经济，不断发展公有制经济，科学引导非公有制经济发展，推动国民经济体系不断完善。

国有企业改革的主要方向体现为以下四个方面。

（1）坚持不断地深化改革。在大调整、大洗牌、大转型的当今世界，改革必须坚定不移地往前走，改革越早越主动，越能够激发改革的红利，越早抢占市场高地，停滞不前只能被淘汰，只有死路一条。在经历百年未有之大变局的今天，我们一定要发挥改革的突破和先导作用，坚持改革不停顿，开放不止步，在更高起点上推进改革开放。

（2）坚持市场化改革方向。发挥市场在资源配置中的决定性作用，凡是市场机制能够起作用的地方就让市场起决定性作用，国有企业要通过市场化改革成为完全独立的市场主体，提升市场竞争能力，适应国际市场环境，在经济全球化、全球基础设施建设、"一带一路"建设中发挥国有企业的顶梁柱作用。

（3）坚持社会主义改革方向。社会主义市场经济体制是中国特色社会主义的主要特征，既不能走封闭僵化的老路，也不能走改旗易帜的邪路，中国就是要坚持社会主义、坚持中国特色的改革之路，不断坚定四个自信，做到两个维护。加强党对国有企业的领导，坚持贯彻党中央的决策部署，发挥经济引擎作用。

（4）坚持国有公有改革方向。国有经济是中国特色社会主义的物质基础和经济基础，是保障国家安全、提供公共服务的主体，其重要性涉及社会稳定，涉及民生保障。国有资本、国有企业要坚持公有制经济发展方向，搞好搞活国有企业、发展壮大国有经济，鼓励支持非公有制经济发展，促进民营经济与国有经济有机统一、相互促进、共同发展。

四、国企改革的主要路径

（一）国企改革的指导思想

高举中国特色社会主义伟大旗帜，认真贯彻落实党的十九大精神，深入学习贯彻习近平总书记系列重要讲话精神，坚持和完善基本经济制度，坚持社会主义市场经济改革方向，适应市场化、现代化、国际化新形势，以解放和发展社会生产力为标准，以提高国有资本效率、增强国有企业活力为中心，完善产权清晰、权责明确、政企分开、管理科学的现代企业制度，完善国有资产监管体制，防止国有资产流失，全面推进依法治企，加强和改进党对国有企业的领导，做强做优做大国有企业，不断增强国有经济活力、控制力、影响力、抗风险能力，主动适应和引领经济发展新常态，为促进经济社会持续健康发展、实现中华民族伟大复兴中国梦做出积极贡献。

（二）国企改革的基本原则

（1）坚持和完善基本经济制度。这是深化国有企业改革必须把握的根本要求。必须毫不动摇巩固和发展公有制经济，毫不动摇鼓励、支持、引导非公有制经济发展。坚持公有制主体地位，发挥国有经济主导作用，积极促进国有资本、集体资本、非公有资本等交叉持股、相互融合，推动各种所有制资本取长补短、相互促进、共同发展。

（2）坚持社会主义市场经济改革方向。这是深化国有企业改革必须遵循的基本规律。国有企业改革要遵循市场经济规律和企业发展规律，坚持政企分开、政资分开、所有权与经营权分离，坚持权利、义务、责任相统一，坚持激励机制和约束机制相结合，促使国有企业真正成为依法自主经营、自负盈亏、自担风险、自我约束、自我发展的独立市场主体。社会主义市场经济条件下的国有企业，要成为自觉履行社会责任的表率。

（3）坚持增强活力和强化监管相结合。这是深化国有企业改革必须把握的重要关系。增强活力是搞好国有企业的本质要求，加强监管是搞好国有企业的重要保障，要切实做到两者的有机统一。继续推进简政放权，依法落实企业法人财产权和经营自主权，进一步激发企业活力、创造力和市场竞争力。进一步完善国有企业监管制度，切实防止国有资产流失，确保国有资产保值增值。

（4）坚持党对国有企业的领导。这是深化国有企业改革必须坚守的政治方向、政治原则。要贯彻全面从严治党方针，充分发挥企业党组织政治核心作用，加强企业领导班子建设，创新基层党建工作，深入开展党风廉政建设，坚持全心全意依靠工人阶级，维护职工合法权益，为国有企业改革发展提供坚强有力的政治保证、组织保证和人才支撑。

（5）坚持积极稳妥统筹推进。这是深化国有企业改革必须采用的科学方法。要正确处理推进改革和坚持法治的关系，正确处理改革发展稳定关系，正确处理搞好顶层设计和尊重基层首创精神的关系，突出问题导向，坚持分类推进，把握好改革的次序、节奏、力度，确保改革扎实推进、务求实效。

（三）国企改革的目标

（1）国有企业公司制改革基本完成，发展混合所有制经济取得积极进展，法人治理结构更加健全，优胜劣汰、经营自主灵活、内部管理人员能上能下、员工能进能出、收入能增能减的市场化机制更加完善。

（2）国有资产监管制度更加成熟，相关法律法规更加健全，监管手段和方式不断优化，监管的科学性、针对性、有效性进一步提高，经营性国有资产实现集中统一监管，国有资产保值增值责任全面落实。

（3）国有资本配置效率显著提高，国有经济布局结构不断优化、主导作用有效发挥，国有企业在提升自主创新能力、保护资源环境、加快转型升级、履行社会责任中的引领和表率作用充分发挥。

（4）企业党的建设全面加强，反腐倡廉制度体系、工作体系更加完善，国有企业党组织在公司治理中的法定地位更加巩固，政治核心作用充分发挥。

全面深化改革的总目标是完善和发展中国特色社会主义制度，推进国家治理体系和治理能力现代化，让一切劳动、知识、技术、管理的活力相继迸发，紧紧围绕市场在资源配置中的决定性作用深化经济体制改革，积极发展民营经济和混合所有制经济，完善国有资产管理体制，以管资本为主加强国有资产管理，推动国有企业建设现代企业制度，完善经营决策、资产投资、运行经营机制，促进公平参与市场竞争，提高企业经营活力，承担广泛社会责任，进一步深化国有企业改革。

经济体制改革需要以完善产权制度和要素市场化配置为重点，实现产权有效激励、要素自由流动、价格反应灵活、企业优胜劣汰。本轮国企改革，采取顶层设计和分步实施的路径，顶层设计采取"1+N"的形式。"1"是深化国有企业改革的指导意见，"N"是若干落地配套文件。国企改革的主要路径体现在以下四个方面。

（1）分类推进国有企业改革。将国有企业分为商业类和公益类。商业类国有企业按照市场化要求实行商业化运作，以增强国有经济活力、放大国有资本功能、实现国有资产保值增值为主要目标，依法独立自主开展生产经营活动，实现优胜劣汰、有序进退。公益类国有企业以保障民生、服务社会、提供公共产品和服务为主要目标，引入市场机制，提高公共服务效率和能力。这类企业可以采取国有独资形式，具备条件的也可以推行投资主体多元化，还可以通过购买服务、特许经营、委托代理等方式，鼓励非国有企业参与经营。对公益类国有企业，重点考核成本控制、产品服务质量、营运效率和保障能力，根据企业不同特点有区别地考核经营业绩指标和国有资产保值增值情况，考核中要引入社会评价。

（2）完善现代企业制度。推进公司制股份制改革，积极引入各类投资者实现股权多元化，大力推动国有企业改制上市，根据不同企业的功能定位，逐步调整国有股权比例，形成股权结构多元、股东行为规范、内部约束有效、运行高效灵活的经营机制。健全公司法人治理结构，重点是推进董事会建设，建立健全权责对等、运转协调、有效制衡的决策执行监督机制，规范董事长、总经理行权行为，充分发挥董事会的决策作用、监事会的监督作用、经理层的经营管理作用、党组织的政治核心作用。建立国有企业领导人员分类分层管理制度。坚持党管干部原则与董事会依法产生、董事会依法选择经营管理者、经营管理者依法行使用人权相结合，不断创新有效实现形式。实行与社会主义市场经济相适应的企业薪酬分配制度。企业内部的薪酬分配权是企业的法定权利，由企业依法依规自主决定，完善既有激励又有约束、既讲效率又讲公平、既符合企业一般规律又体现国有企业特点的分配机制。

（3）完善国有资产管理体制。以管资本为主推进国有资产监管机构职能转变。国有资产监管机构要准确把握依法履行出资人职责的定位，科学界定国有资产出资人监管的边界，建立监管权力清单和责任清单，实现以管企业为主向以管资本为主的转变。坚持以市场为导向、以企业为主体，有进有退、有所为有所不为，优化国有资本布局结构，增强国有经济整体功能和效率。以促进国有企业转换经营机制，放大国有资本功能，提高国有资本配置和运行效率，实现各种所有制资本取长补短、相互促进、共同发展为目标，稳妥推动国有企业发展混合所有制经济。鼓励非国有资本投资主体通过出资入股、收购股权、认购可转债、股权置换等多种方式，参与国有企业改制重组或国有控股上市公司增资扩股以及企业经营管理。鼓励国有企业通过投资入股、联合投资、重组等多种方式，与非国有企业进行股权融合、战略合作、资源整合。坚持试点先行，在取得经验基础上稳妥有序推进，通过实行员工持股建立激励约束长效机制。

（4）完善企业内部监督体系。明确监事会、审计、纪检监察、巡视以及法律、财务等部门的监督职责，完善监督制度，增强制度执行力。把加强党的领导和完善公司治理统一起来，将党建工作总体要求纳入国有企业章程，明确国有企业党组织在公司法人治理结构中的法定地位，创新国有企业党组织发挥政治核心作用的途径和方式。强化党组织在企业领导人员选拔任用、培养教育、管理监督中的责任，支持董事会依法选择经营管理者、经营管理者依法行使用人权。加强国有企业相关法律法规立改废释工作，确保重大改革于法有据。完善相关政策，建立政府和国有企业合理分担成本的机制，多渠道筹措资金，采取分离移交、重组改制、关闭撤销等方式，剥离国有企业职工家属区"三供一业"和所办医院、学校、社区等公共服务机构，继续推进厂办大集体改革，对国有企业退休人员实施社会化管理，妥善解决国有企业历史遗留问题，为国有企业公平参与市场竞争创造条件。

第三节　推动国企混合所有制改革

国有资本、集体资本、非公有资本等交叉持股、相互融合的混合所有制经济，是基本经济制度的重要实现形式。多年来，一批国有企业通过改制发展成为混合所有制企业，但治理机制和监管体制还需要进一步完善；还有许多国有企业为转换经营机制、提高运行效率，正在积极探索混合所有制改革。当前，应对日益激烈的国际竞争和挑战，推动我国经济保持中高速增长、迈向中高端水平，需要通过深化国有企业混合所有制改革，推动完善现代企业制度，健全企业法人治理结构；提高国有资本配置和运行效率，优化国有经济布局，增强国有经济活力、控制力、影响力和抗风险能力，主动适应和引领经济发展新常态；促进国有企业转换经营机制，放大国有资本功能，实现国有资产保值增值，实现各种所有制资本取长补短、相互促进、共同发展，夯实社会主义基本经济制度的微观基础。在国有企业混合所有制改革中，要坚决防止因监管不到位、改革不彻底导致国有资产流失。

一、混合所有制改革的定义

改革开放以来，我们党一直在寻找公有制和基本经济制度的有效形式。1993年，第十四届三中全会通过《中共中央关于建立社会主义市场经济体制若干问题的决定》，提出随着产权的流动和重组，财产混合所有的经济单位越来越多，将会形成新的财产所有结构。2017年，党的十五大报告提出公有制实现形式多样化，股份制是现代企业的一种资本组织形式，有利于所有权和经营权的分离，有利于提高企业和资本的运作效率，资本主义可以用，社会主义也可以用。1999年，十五届四中全会指出国有中大型企业宜于实行股份制的，要通过规范上市、中外合资和企业相互参股等形式，改为股份制企业，发展混合所有制经济。2013年，十八届三中全会提出积极发展混合所有制经济。2017年，十九大提出深化国有企业改革，发展混合所有制经济，培育具有全球竞争力的世界一流企业。

混合所有制有别于股份制，是一个特指的概念。混合所有制概念体现在以下三个方面。

（1）混合所有制是一个微观概念。我国推行的混合所有制改革的改革对象都是企业，针对一个或者若干个市场主体进行混合所有制改革，所以混改是微观的。

（2）混合所有制是一个多元概念。股份制企业的国企之间相互持股，或者非国有与非国有企业之间的相互持股，都不是混合所有制，只有公有经济和非公有经济的有机融合，国有经济和非国有经济的混合才是混合所有制。

（3）混合所有制是一种企业实现形式，混合所有制是基本经济制度的重要实现形式，资本主义和社会主义都可以用，不受经济制度的约束。

二、混合所有制改革的途径

（一）分类推进国有企业混合所有制改革

（1）稳妥推进主业处于充分竞争行业和领域的商业类国有企业混合所有制改革。按照市场化、国际化要求，以增强国有经济活力、放大国有资本功能、实现国有资产保值增值为主要目标，以提高经济效益和创新商业模式为导向，充分运用整体上市等方式，积极引入其他国有资本或各类非国有资本实现股权多元化。坚持以资本为纽带完善混合所有制企业治理结构和管理方式，国有资本出资人和各类非国有资本出资人以股东身份履行权利和职责，使混合所有制企业成为真正的市场主体。

（2）有效探索主业处于重要行业和关键领域的商业类国有企业混合所有制改革。对主业处于关系国家安全、国民经济命脉的重要行业和关键领域、主要承担重大专项任务的商业类国有企业，要保持国有资本控股地位，支持非国有资本参股。对自然垄断行业，实行以政企分开、政资分开、特许经营、政府监管为主要内容的改革，根据不同行业特点实行网运分开、放开竞争性业务，促进公共资源配置市场化，同时加强分类依法监管，规范营利模式。

1）重要通信基础设施、枢纽型交通基础设施、重要江河流域控制性水利水电航电枢纽、跨流域调水工程等领域，实行国有独资或控股，允许符合条件的非国有企业依法通过特许经营、政府购买服务等方式参与建设和运营。

2）重要水资源、森林资源、战略性矿产资源等开发利用，实行国有独资或绝对控股，在强化环境、质量、安全监管的基础上，允许非国有资本进入，依法依规有序参与开发经营。

3）江河主干渠道、石油天然气主干管网、电网等，根据不同行业领域特点实行网运分开、主辅分离，除对自然垄断环节的管网实行国有独资或绝对控股外，放开竞争性业务，允许非国有资本平等进入。

4）核电、重要公共技术平台、气象测绘水文等基础数据采集利用等领域，实行国有独资或绝对控股，支持非国有企业投资参股以及参与特许经营和政府采购。粮食、石油、天然气等战略物资国家储备领域保持国有独资或控股。

5）国防军工等特殊产业，从事战略武器装备科研生产、关系国家战略安全和涉及国家核心机密的核心军工能力领域，实行国有独资或绝对控股。其他军工领域，分类逐步放宽市场准入，建立竞争性采购体制机制，支持非国有企业参与武器装备科研生产、维修服务和竞争性采购。

6）对其他服务国家战略目标、重要前瞻性战略性产业、生态环境保护、共用技术平台等重要行业和关键领域，加大国有资本投资力度，发挥国有资本引导和带动作用。

（3）引导公益类国有企业规范开展混合所有制改革。在水电气热、公共交通、公共设施等提供公共产品和服务的行业和领域，根据不同业务特点，加强分类指导，推进具备条件的企业实现投资主体多元化。通过购买服务、特许经营、委托代理等方式，鼓励非国有企业参与经营。政府要加强对价格水平、成本控制、服务质量、安全标准、信息披露、营运效率、保障能力等方面的监管，根据企业不同特点有区别地考核其经营业绩指标和国有资产保值增值情况，考核中要引入社会评价。

（二）分层推进国有企业混合所有制改革

（1）引导在子公司层面有序推进混合所有制改革。对国有企业集团公司二级及以下企业，以研发创新、生产服务等实体企业为重点，引入非国有资本，加快技术创新、管理创新、商业模式创新，合理限定法人层级，有效压缩管理层级。明确股东的法律地位和股东在资本收益、企业重大决策、选择管理者等方面的权利，股东依法按出资比例和公司章程规定行权履职。

（2）探索在集团公司层面推进混合所有制改革。在国家有明确规定的特定领域，坚持国有资本控股，形成合理的治理结构和市场化经营机制；在其他领域，鼓励通过整体上市、并购重组、发行可转债等方式，逐步调整国有股权比例，积极引入各类投资者，形成股权结构多元、股东行为规范、内部约束有效、运行高效灵活的经营机制。

（3）鼓励地方从实际出发推进混合所有制改革。各地区要认真贯彻落实中央要求，区分不同情况，制定完善改革方案和相关配套措施，指导国有企业稳妥开展混合所有制改革，确保改革依法合规、有序推进。

（三）鼓励各类资本参与国有企业混合所有制改革

（1）鼓励非公有资本参与国有企业混合所有制改革。非公有资本投资主体可通过出资入股、收购股权、认购可转债、股权置换等多种方式，参与国有企业改制重组或国有控股上市公司增资扩股以及企业经营管理。非公有资本投资主体可以货币出资，或以实物、股权、土地使用权等法律法规允许的方式出资。企业国有产权或国有股权转让时，除国家另有规定外，一般不在意向受让人资质条件中对民间投资主体单独设置附加条件。

（2）支持集体资本参与国有企业混合所有制改革。明晰集体资产产权，发展股权多元化、经营产业化、管理规范化的经济实体。允许经确权认定的集体资本、资产和其他生产要素作价入股，参与国有企业混合所有制改革。研究制定股份合作经济（企业）管理办法。

（3）有序吸收外资参与国有企业混合所有制改革。引入外资参与国有企业改制重组、合资合作，鼓励通过海外并购、投融资合作、离岸金融等方式，充分利用国际市场、技术、人才等资源和要素，发展混合所有制经济，深度参与国际竞争和全球产业分工，提高资源全球化配置能力。按照扩大开放与加强监管同步的要求，依照外商投资产业指导目录和相关安全审查规定，完善外资安全审查工作机制，切实加强风险防范。

（4）推广政府和社会资本合作（PPP）模式。优化政府投资方式，通过投资补助、基金注资、担保补贴、贷款贴息等，优先支持引入社会资本的项目。以项目运营绩效评价结果为依据，适时对价格和补贴进行调整。组合引入保险资金、社保基金等长期投资者参与国家重点工程投资。鼓励社会资本投资或参股基础设施、公用事业、公共服务等领域项目，使投资者在平等竞争中获取合理收益。加强信息公开和项目储备，建立综合信息服务平台。

（5）鼓励国有资本以多种方式入股非国有企业。在公共服务、高新技术、生态环境保护和战略性产业等重点领域，以市场选择为前提，以资本为纽带，充分发挥国有资本投资、运营公司的资本运作平台作用，对发展潜力大、成长性强的非国有企业进行股权投资。鼓励国有企业通过投资入股、联合投资、并购重组等多种方式，与非国有企业进行股权融合、战略合作、资源整合，发展混合所有制经济。支持国有资本与非国有资本共同设立股权投资基金，参与企业改制重组。

（6）探索完善优先股和国家特殊管理股方式。国有资本参股非国有企业或国有企业引入非国有资本时，允许将部分国有资本转化为优先股。在少数特定领域探索建立国家特殊管理股制度，依照相关法律法规和公司章程规定，行使特定事项否决权，保证国有资本在特定领域的控制力。

（7）探索实行混合所有制企业员工持股。坚持激励和约束相结合的原则，通过试点稳妥推进员工持股。员工持股主要采取增资扩股、出资新设等方式，优先支持人才资本和技术要素贡献占比较高的转制科研院所、高新技术企业和科技服务型企业开展试点，支持对企业经营业绩和持续发展有直接或较大影响的科研人员、经营管理人员和业务骨干等持股。完善相关政策，健全审核程序，规范操作流程，严格资产评估，建立健全股权流转和退出机制，确保员工持股公开透明，严禁暗箱操作，防止利益输送。混合所有制企业实行员工持股，要按照混合所有制企业实行员工持股试点的有关工作要求组织实施。

（四）建立健全混合所有制企业治理机制

（1）进一步确立和落实企业市场主体地位。政府不得干预企业自主经营，股东不得干预企业日常运营，确保企业治理规范、激励约束机制到位。落实董事会对经理层成员等高级经营管理人员选聘、业绩考核和薪酬管理等职权，维护企业真正的市场主体地位。

（2）健全混合所有制企业法人治理结构。混合所有制企业要建立健全现代企业制度，明晰产权，同股同权，依法保护各类股东权益。规范企业股东（大）会、董事会、经理层、监事会和党组织的权责关系，按章程行权，对资本监管，靠市场选人，依规则运行，形成定位清晰、权责对等、运转协调、制衡有效的法人治理结构。

（3）推行混合所有制企业职业经理人制度。按照现代企业制度要求，建立市场导向的选人用人和激励约束机制，通过市场化方式选聘职业经理人依法负责企业经营管理，畅通现有经营管理者与职业经理人的身份转换通道。职业经理人实行任期制和契约化管理，按照市场化原则决定薪酬，可以采取多种方式探索中长期激励机制。严格职业经理人任期管理和绩效考核，加快建立退出机制。

（五）混合所有制的基本原则

（1）政府引导，市场运作。尊重市场经济规律和企业发展规律，以企业为主体，充分发挥市场机制作用，把引资本与转机制结合起来，把产权多元化与完善企业法人治理结构结合起来，探索国有企业混合所有制改革的有效途径。

（2）完善制度，保护产权。以保护产权、维护契约、统一市场、平等交换、公平竞争、有效监管为基本导向，切实保护混合所有制企业各类出资人的产权权益，调动各类资本参与发展混合所有制经济的积极性。

（3）严格程序，规范操作。坚持依法依规，进一步健全国有资产交易规则，科学评估国有资产价值，完善市场定价机制，切实做到规则公开、过程公开、结果公开。强化交易主体和交易过程监管，防止暗箱操作、低价贱卖、利益输送、化公为私、逃废债务，杜绝国有资产流失。

（4）宜改则改，稳妥推进。对通过实行股份制、上市等途径已经实行混合所有制的国有企业，要着力在完善现代企业制度、提高资本运行效率上下功夫；对适宜继续推进混合所有制改革的国有企业，要充分发挥市场机制作用，坚持因地施策、因业施策、因企施策，宜独则独、宜控则控、宜参则参，不搞拉郎配，不搞全覆盖，不设时间表，一企一策，成熟一个推进一个，确保改革规范有序进行。尊重基层创新实践，形成一批可复制、可推广的成功做法。

（六）混合所有制混的对象

发展混合所有制经济，就要对混的对象进行清晰的边界界定。

混资本是把国有资本和集体资本、非公有资本，按照参股、并购等方式在一个市场主体内部体现出来。

混资源包括生产资源、技术资源、管理资源、市场资源、信息资源等。

混人员是在决策层，通过混资本对象的所有者按照股权关系和约定，形成公司股东会、董事会和监事会。在经理层，按照公司章程和协议规定，对高级管理层进行派驻或者市场化选聘。在员工层，与原单位员工通过协商，调整劳动合同。

混文化是把国企和非公有经济主体的企业文化进行融合，使混合所有制企业既继承国企重视社会责任的优良传统，又具有非公有经济主体的市场意识和创新意识。

三、混合所有制改革的影响

混合所有制经济是我国基本经济制度的重要实现形式，发展混合所有制实质上就是企业产权多元化，具有以下重要意义。

（1）可以实现公有制为主体、多种所有制经济共同发展。现代市场经济对于经济形式的丰富多样性要求越来越高，私有化是社会生产力发展的结果，私有制确实可以促进效率提升和社会生产力的发展，但是全面私有化的逐利性造成基本民生方面给公共社会服务造成负担，因此全面私有化是不行的。对于全面公有制，由于分配制度和管理层级等一系列问题造成的效率降低也是不容忽视的，因此也是不合适的。所以我们国家推进以公有制为主体，多种所有制经济共同发展，积极发展混合所有制，是我国在基本经济制度基础上找到新的组织形式，探索经济发展新动能的实现路径。

（2）可以克服单一国有经济的弊端。单一国企体制的弊端在于政企不分，政府对于企业的干预过甚，投资审批权、人事审批权、收入分配权等一系列权利由政府掌控，国有企业的激励机制和约束机制没有建立起来，导致国企低效率，国有资产减值；另一个弊端是代理链条过长，国有资本所有者缺位，缺乏高效的动力机制和约束机制。通过混合所有制改革，实现产权多元化，就是要借助私有资本的高效率促进国有资本的效率提升，还原企业市场主体身份和地位，使企业成为真正的市场主体。

（3）可以发挥国有经济的主导作用。国有企业通过发展混合所有制经济，可以扩大投资规模，提升投资效率，进一步放大国有资本功能，通过国有资本带动非公有制经济发展，放大国有经济的主导作用。

（4）可以实现优势互补。国有企业普遍企业规模较大，设备技术较先进，人才队伍力量较强，内部管理规范，品牌信誉良好，民营企业产权明晰，经营机制市场化，应对市场环境变化灵活，薪酬分配制度先进。将国有企业和民营企业进行混合所有制改革，可以充分发挥二者的优势，扬长避短，实现互补，延长产业链条，增强市场竞争力，提升内部管理效率。

第四节　建立现代企业制度和法人治理结构

一、我国国企治理的演变过程

自国有企业逐步成立以来，我国国有企业的治理体系和治理制度也发生了明显的变化。主要可以分为三个阶段。

第一阶段是行政管理代替公司治理阶段。改革开放以前计划经济时期，各级政府通过一系列中间管理层级对国有企业实行治理，政府完全掌控企业的剩余索取权和控制权，国有企业高度集权，成为行政机构的附属单位，完全按照政府的指令进行生产销售，企业人财物和产供销均是由政府决定。

第二阶段是内部人主导治理阶段。改革开放以后国企改革逐步起步，进一步扩大了企业的自主权、进一步简政放权、减税降费，政府向企业分权。十二届三中全会提出要探索所有权和经营权的分离，搞好国有企业的多种经营方式，在推广股份制试点的同时，将家庭承包联产责任制推广至大中型企业，1988年实施厂长负责制。

第三阶段是公司治理的起步阶段。1993年，十四届三中全会提出国有企业改革的方向是建立产权清晰、权责明确、政企分开、管理科学的现代企业制度，提出了法人财产权的概念。国有企业由单独地对行政主管部门负责外，还要对出资人、债权人、市场和相关利益者负责，厂长负责制向现代企业公司治理结构转变。

二、股权结构与公司治理的关系

公司不同的股权结构将导致不同的公司治理机制。股权集中度是衡量公司股权分部的主要指标，集中度不同，公司治理结构不同。

（1）高度集中型股权结构。第一大股东处于控股地位，使得第一大股东对于行使股东权利积极性很高，积极参与公司治理，对经营者进行有效监督，小股东因份额过低没有话语权，也没有动力行使股东权利，一般采用用脚投票的方式。

（2）相对集中的股权结构。公司拥有若干个持股比例较为接近的大股东，其余股份由小股东分散持有，在这种股权结构下，股东之间形成了有效的相互制衡机制，解决了股东的激励和约束问题，使得各股东适度参与公司经营管理，避免了大股东一家独大的股东行为非理性。

（3）高度分散的股权结构。公司拥有大量的股东，单个股东的作用极其有限，不存在控股股东，公司的经营管理权力掌握在经营者手中。

按照《中华人民共和国公司法》规定，持股10%的股东，有权申请公司解散。持有1/3以上股份，否决性控股，对公司重大事项有一票否决权。持有1/2以上股份，绝对控股权，除重大事项外具有表决控制权。持有2/3以上股份，完全控制权，可修改公司章程，公司任何事项具有表决控制权。

国有企业的产权结构分为国有独资企业、国有控股企业和国有参股企业三种。国有独资企业全部注册资本均为国有资本，企业财产属于全民所有，国家按照所有权和经营权分离的原则进行企业经营管理，企业对于资产有使用、处分的权利。国有控股企业为国有资本占股本总额的50%以上，或者虽然控股比例不到50%，但是其他非国有股东的股份占比较小且较为分散，国有股东具有绝对的话语权和控制权。国有参股企业为国有资本没有控股地位的股份公司。

三、完善"三会一层"法人治理结构

（一）指导思想

全面贯彻党的十九大精神，深入贯彻习近平总书记系列重要讲话精神和治国理政新理念新思想新战略，认真落实党中央、国务院决策部署，统筹推进"五位一体"总体布局和协调推进"四个全面"战略布局，牢固树立和贯彻落实创新、协调、绿色、开放、共享的发展理念，从国有企业实际情况出发，以建立健全产权清晰、权责明确、政企分开、管理科学的现代企业制度为方向，积极适应国有企业改革的新形势新要求，坚持党的领导、加强党的建设，完善体制机制，依法规范权责，根据功能分类，把握重点，进一步健全各司其职、各负其责、协调运转、有效制衡的国有企业法人治理结构。

（二）完善国有企业法人治理结构基本原则

（1）坚持深化改革。尊重企业市场主体地位，遵循市场经济规律和企业发展规律，以规范决策机制和完善制衡机制为重点，坚持激励机制与约束机制相结合，体现效率原则与公平原则，充分调动企业家积极性，提升企业的市场化、现代化经营水平。

（2）坚持党的领导。落实全面从严治党战略部署，把加强党的领导和完善公司治理统一起来，明确国有企业党组织在法人治理结构中的法定地位，发挥国有企业党组织的领导核心和政治核心作用，保证党组织把方向、管大局、保落实。坚持党管干部原则与董事会依法选择经营管理者、经营管理者依法行使用人权相结合，积极探索有效实现形式，完善反腐倡廉制度体系。

（3）坚持依法治企。依据《中华人民共和国公司法》《中华人民共和国企业国有资产法》等法律法规，以公司章程为行为准则，规范权责定位和行权方式；法无授权，任何政府部门和机构不得干预企业正常生产经营活动，实现深化改革与依法治企的有机统一。

（4）坚持权责对等。坚持权利义务责任相统一，规范权力运行、强化权利责任对等，改革国有资本授权经营体制，深化权力运行和监督机制改革，构建符合国情的监管体系，完善履职评价和责任追究机制，对失职、渎职行为严格追责，建立决策、执行和监督环节的终身责任追究制度。

（三）规范国有企业治理主体职责

健全以公司章程为核心的企业制度体系，充分发挥公司章程在企业治理中的基础作用，依照法律法规和公司章程，严格规范履行出资人职责的机构（以下简称出资人机构）、股东会（包括股东大会，下同）、董事会、经理层、监事会、党组织和职工代表大会的权责，强化权利责任对等，保障有效履职，完善符合市场经济规律和我国国情的国有企业法人治理结构，进一步提升国有企业运行效率。

1. 理顺出资人职责，转变监管方式

（1）股东会是公司的权力机构。股东会主要依据法律法规和公司章程，通过委派或更换董事、监事（不含职工代表）、审核批准董事会、监事会年度工作报告，批准公司财务预决算、利润分配方案等方式，对董事会、监事会及董事、监事的履职情况进行评价和监督。出资人机构根据本级人民政府授权对国家出资企业依法享有股东权利。

（2）国有独资公司不设股东会，由出资人机构依法行使股东会职权。以管资本为主改革国有资本授权经营体制，对直接出资的国有独资公司，出资人机构重点管好国有资本布局、规范资本运作、强化资本约束、提高资本回报、维护资本安全。对国有全资公司、国有控股企业，出资人机构主要依据股权份额通过参加股东会议、审核需由股东决定的事项、与其他股东协商做出决议等方式履行职责，除法律法规或公司章程另有规定外，不得干预企业自主经营活动。

（3）出资人机构依据法律法规和公司章程规定行使股东权利、履行股东义务，有关监管内容应依法纳入公司章程。按照以管资本为主的要求，出资人机构要转变工作职能、改进工作方式，加强公司章程管理，清理有关规章、规范性文件，研究提出出资人机构审批事项清单，建立对董事会重大决策的合规性审查机制，制定监事会建设、责任追究等具体措施，适时制定国有资本优先股和国家特殊管理股管理办法。

2. 加强董事会建设，落实董事会职权

（1）董事会是公司的决策机构，要对股东会负责，执行股东会决定，依照法定程序和公司章程授权决定公司重大事项，接受股东会、监事会监督，认真履行决策把关、内部管理、防范风险、深化改革等职责。国有独资公司要依法落实和维护董事会行使重大决策、选人用人、薪酬分配等权利，增强董事会的独立性和权威性，落实董事会年度工作报告制度；董事会应与党组织充分沟通，有序开展国有独资公司董事会选聘经理层试点，加强对经理层的管理和监督。

（2）优化董事会组成结构。国有独资、全资公司的董事长、总经理原则上分设，应均为内部执行董事，定期向董事会报告工作。国有独资公司的董事长作为企业法定代表人，对企业改革发展负首要责任，要及时向董事会和国有股东报告重大经营问题和经营风险。国有独资公司的董事对出资人机构负责，接受出资人机构指导，其中外部董事人选由出资人机构商有关部门提名，并按照法定程序任命。国有全资公司、国有控股企业的董事由相关股东依据股权份额推荐派出，由股东会选举或更换，国有股东派出的董事要积极维护国有资本权益；国有全资公司的外部董事人选由控股股东商其他股东推荐，由股东会选举或更换；国有控股企业应有一定比例的外部董事，由股东会选举或更换。

（3）规范董事会议事规则。董事会要严格实行集体审议、独立表决、个人负责的决策制度，平等充分发表意见，一人一票表决，建立规范透明的重大事项信息公开和对外披露制度，保障董事会会议记录和提案资料的完整性，建立董事会决议跟踪落实以及后评估制度，做好与其他治理主体的联系沟通。董事会应当设立提名委员会、薪酬与考核委员会、审计委员会等专门委员会，为董事会决策提供咨询，其中薪酬与考核委员会、审计委员会应由外部董事组成。改进董事会和董事评价办法，完善年度和任期考核制度，逐步形成符合企业特点的考核评价体系及激励机制。

（4）加强董事队伍建设。开展董事任前和任期培训，做好董事派出和任期管理工作。建立完善外部董事选聘和管理制度，严格资格认定和考试考察程序，拓宽外部董事来源渠道，扩大专职外部董事队伍，选聘一批现职国有企业负责人转任专职外部董事，定期报告外部董事履职情况。国有独资公司要健全外部董事召集人制度，召集人由外部董事定期推选产生。外部董事要与出资人机构加强沟通。

3. 维护经营自主权，激发经理层活力

（1）经理层是公司的执行机构，依法由董事会聘任或解聘，接受董事会管理和监事会监督。总经理对董事会负责，依法行使管理生产经营、组织实施董事会决议等职权，向董事会报告工作，董事会闭会期间向董事长报告工作。

（2）建立规范的经理层授权管理制度，对经理层成员实行与选任方式相匹配、与企业功能性质相适应、与经营业绩相挂钩的差异化薪酬分配制度，国有独资公司经理层逐步实行任期制和契约化管理。根据企业产权结构、市场化程度等不同情况，有序推进职业经理人制度建设，逐步扩大职业经理人队伍，有序实行市场化薪酬，探索完善中长期激励机制，研究出台相关指导意见。国有独资公司要积极探索推行职业经理人制度，实行内部培养和外部引进相结合，畅通企业经理层成员与职业经理人的身份转换通道。开展出资人机构委派国有独资公司总会计师试点。

4. 发挥监督作用，完善问责机制

（1）监事会是公司的监督机构，依照有关法律法规和公司章程设立，对董事会、经理层成员的职务行为进行监督。要提高专职监事比例，增强监事会的独立性和权威性。对国有资产监管机构所出资企业依法实行外派监事会制度。外派监事会由政府派出，负责检查企业财务，监督企业重大决策和关键环节以及董事会、经理层履职情况，不参与、不干预企业经营管理活动。

（2）健全以职工代表大会为基本形式的企业民主管理制度，支持和保证职工代表大会依法行使职权，加强职工民主管理与监督，维护职工合法权益。国有独资、全资公司的董事会、监事会中需有职工董事和职工监事。建立国有企业重大事项信息公开和对外披露制度。

（3）强化责任意识，明确权责边界，建立与治理主体履职相适应的责任追究制度。董事、监事、经理层成员应当遵守法律法规和公司章程，对公司负有忠实义务和勤勉义务；要将其信用记录纳入全国信用信息共享平台，违约失信的按规定在"信用中国"网站公开。董事应当出席董事会会议，对董事会决议承担责任；董事会决议违反法律法规或公司章程、股东会决议，致使公司遭受严重损失的，应依法追究有关董事责任。经理层成员违反法律法规或公司章程，致使公司遭受损失的，应依法追究有关经理层成员责任。执行董事和经理层成员未及时向董事会或国有股东报告重大经营问题和经营风险的，应依法追究相关人员责任。企业党组织成员履职过程中有重大失误和失职、渎职行为的，应按照党组织有关规定严格追究责任。按照"三个区分开来"的要求，建立必要的改革容错纠错机制，激励企业领导人员干事创业。

5. 坚持党的领导，发挥政治优势

（1）坚持党的领导、加强党的建设是国有企业的独特优势。要明确党组织在国有企业法人治理结构中的法定地位，将党建工作总体要求纳入国有企业章程，明确党组织在企业决策、执行、监督各环节的权责和工作方式，使党组织成为企业法人治理结构的有机组成部分。要充分发挥党组织的领导核心和政治核心作用，领导企业思想政治工作，支持董事会、监事会、经理层依法履行职责，保证党和国家方针政策的贯彻执行。

（2）充分发挥纪检监察、巡视、审计等监督作用，国有企业董事、监事、经理层中的党员每年要定期向党组（党委）报告个人履职和廉洁自律情况。上级党组织对国有企业纪检组组长（纪委书记）实行委派制度和定期轮岗制度，纪检组组长（纪委书记）要坚持原则、强化监督。纪检组组长（纪委书记）可列席董事会和董事会专门委员会的会议。

（3）积极探索党管干部原则与董事会选聘经营管理人员有机结合的途径和方法。坚持和完善双向进入、交叉任职的领导体制，符合条件的国有企业党组（党委）领导班子成员可以通过法定程序进入董事会、监事会、经理层，董事会、监事会、经理层成员中符合条件的党员可以依照有关规定和程序进入党组（党委）；党组（党委）书记、董事长一般由一人担任，推进中央企业党组（党委）专职副书记进入董事会。在董事会选聘经理层成员工作中，上级党组织及其组织部门、国有资产监管机构党委应当发挥确定标准、规范程序、参与考察、推荐人选等作用。积极探索董事会通过差额方式选聘经理层成员。

第五节　建立市场化经营机制

一、市场化的运营主体

市场化是我国经济体制改革的主要方向，国有企业也不例外，也要向着市场化的方向进行发展，国有企业要打造成为真正的完全独立的市场经营主体。在传统计划经济体制下，国有企业是政府行政部门的附属单位，国有企业的产供销都是由政府说了算，没有自主经营权，没有自负盈亏。

　　国有企业想要成为独立自主的市场主体，就是要妥善解决以下三个方面的关系。

　　（1）解决好政府和市场之间的关系。从20世纪80年代到90年代，利改税、拨改贷的政策出台，调整了国家和企业之间的分配关系，"国家调节市场，市场引导企业"赋予国有企业相对独立的市场地位。90年代以后，建立适应市场经济要求、产权清晰、权责明确、政企分开、管理科学的现代企业制度成为国有企业改革的主要方向。还原国有企业经营者身份，国有企业要进行生产经营，自负盈亏，要在宏观政策下提供公共产品、优质服务，政府的职能是引导和监管，通过税收、补贴、政策性收费等措施引导国有企业发展方向，通过供给侧结构改革逐步推动产能高效率，不断促进技术进步，通过调整市场供应情况调整大宗商品价格，引导国有企业健康发展。要对国有资产运营进行合理的监管，管好国有资产的布局，控制国有资产的投资，确保资产的保值增值。

　　（2）处理好公有和非公有之间的关系。国有企业是公有制经济的代表，民营企业、集体企业、自然人企业是非公有经济的代表。国有企业与非公有经济的主要区别在于分工不同，对于重点行业，对于民生和稳定有较大影响的行业，对于准入门槛较高，投资中回收慢的行业，要由国有企业来进行投资管理，对于大众商品、民用设备等门槛较低、投资较小的行业要由民营企业等非公有制经济来做，二者分工有所不同。由于国有企业基本处于国家命脉行业，对下游、对非公有制经济影响极大。因此要加强国资监管，要避免国有企业成为盘剥非公有制经济的工具，同时也要支持国有企业发展，让国有企业带动非公有经济发展。

　　（3）处理好内部管理和外部环境之间的关系。国有企业统购统销的时代已经过去了，现在国有企业要面对的是错综复杂的市场环境，面对的是国际市场和国内市场同行业的竞争，没有技术领先的优势、没有成本价格优势、没有卓越服务优势，国有企业也有破产重组和倒闭拍卖的情况。面对外部环境，国有企业要构建高效率、短流程的内部管理体系，提升面对环境变化的应变能力，提升决策执行的效率，才能立于不败之地，近年来我国要推动对标世界一流管理提升，建设一批具有国际一流竞争力的国有企业，就是要做强做优做大国有企业，更好地实现国有资产的保值增值。

二、职业经理人制度

　　根据《中央企业领导人员管理暂行规定》，中央企业领导人员包括：设立董事会企业的董事长、副董事长、董事，总经理（总裁）、副总经理（副总裁）、总会计师；未设立董事会企业的总经理（总裁、院长、所长、局长、主任）、副总经理、总会计师；企业党组（党委）书记、副书记、党委常委、纪委书记。国有企业参照此规定执行。

国有企业的领导人员没有行政级别，也不属于公务员序列，但是中共中央组织部、国务院国资委对国企管理层进行直接任命，对国企高管薪酬进行管控，以及国企高管的政治待遇，使得国有企业的领导人员有等同于行政级别的身份。

国有企业领导人员可以采用组织选拔、公开招聘、竞争上岗等方式，任用中央企业管理人员，可以采用聘任制、委任制或者选任制，给予与政府干部等级相匹配的薪酬。对于企业的经营管理者，应该按照市场化的国际惯例，推行经理层成员的任期制和契约化管理，探索建立职业经理人制度，根据聘任协议和业绩情况，明确责权利关系，对任期业绩情况进行考核，根据考核结果进行薪酬兑现、续聘或者解聘。

职业经理人是指按照"市场化选聘、契约化管理、差异化薪酬、市场化退出"原则选聘和管理的，在充分授权范围内依靠专业的管理知识、技能和经验，实现企业经营目标的高级管理人员。

国有企业控股股东及其党组织对职业经理人制度工作发挥领导和把关作用，负责对相关工作方案，特别是在确定标准、规范程序、参与考察、推荐人选等方面把关。

董事会依法选聘和管理职业经理人，负责组织制定相关工作方案和管理制度、履行决策审批程序、组织开展选聘、参与考察、决定聘任或解聘、开展考核、兑现薪酬等。

党组织会同董事会制定相关工作方案和管理制度并组织人选推荐、测试、考察等工作，集体研究后向董事会提出意见建议。

(一) 基本操作流程

1. 企业条件

支持鼓励同时具备以下条件的国有企业，加快推行职业经理人制度。

(1) 主业处于充分竞争行业和领域，或者主要从事新产业、新业态、新商业模式。

(2) 人力资源市场化程度较高。

(3) 建立了权责对等、运转协调、有效制衡的决策执行监督机制。

(4) 董事会重大决策、选人用人、薪酬分配等权利依法得到有效落实。

2. 操作流程

推行职业经理人制度，一般应履行以下基本操作流程。

(1) 制订方案。应结合实际制定工作方案，方案一般包括企业基本情况、背景和目的、岗位职责、任职条件、选聘方式、选聘程序、薪酬标准、业绩目标、考核规定、退出规定、组织保障和进度安排等内容。

(2) 履行决策审批程序。方案制定后，应按照"三重一大"决策机制，根据公司章程或控股股东及其党组织有关要求，履行相关决策审批程序。

（3）市场化选聘。一般包括制定招聘方案、发布招聘公告、报名及资格审查、实施综合考评（测评、面试评估等）、组织考察或背景调查、做出聘任决定等。

（4）签订契约。企业与职业经理人签订劳动合同、聘任合同、经营业绩责任书等，以契约方式明确聘任岗位、聘任期限、任务目标、权利义务、考核评价、薪酬标准、履职待遇及福利、奖惩措施、续聘和解聘条件、保密要求、违约责任等内容。

（5）开展考核。严格按照契约约定开展年度和任期经营业绩考核，强化刚性考核。

（6）结果应用。依据年度和任期经营业绩考核结果等确定薪酬、决定聘任（或解聘），强化刚性兑现。

（二）市场化选聘

职业经理人可以采取竞聘上岗、公开招聘、委托推荐等方式产生。

（1）选聘标准：坚持业绩导向、市场导向。人选应具有良好的职业道德、职业操守、职业信用，具有过硬的专业素质和治企能力，熟悉企业经营管理工作，以往经营业绩突出，在所处行业或相关专业领域有一定影响力和认可度。

（2）人选来源：坚持五湖四海，任人唯贤。一般包括本企业内部人员、股东推荐人员、社会参与人员、人才中介机构推荐人员等，不受企业内外、级别高低、资历深浅限制。

（3）选聘程序：坚持公平公正、竞争择优。一般包括制定招聘方案、发布招聘公告、报名及资格审查、实施综合考评（测评、面试评估等）、组织考察或背景调查、做出聘任决定。

本企业内部人员参与竞聘职业经理人的，个人应当先行提出申请，承诺竞聘成功后放弃原有身份、解除（终止）聘任关系后不得要求恢复原有身份，并遵守职业经理人管理的相关规定。

符合条件的职业经理人，可以按照有关规定进入党组织领导班子。

（三）契约化管理

1. 契约签订

（1）职业经理人实行聘任制。职业经理人聘任期限由董事会决定，原则上不超过三年，可以根据实际情况适当延长。董事会可以依法对职业经理人设置试用期。

（2）契约实现形式。企业应与职业经理人签订劳动合同、聘任合同和经营业绩责任书（年度和任期）。

企业与职业经理人依法签订劳动合同。本企业内部人员选聘为职业经理人的，一般应重新签订劳动合同。

董事会授权董事长与职业经理人签订聘任合同，聘任期限原则上应与劳动合同期限保持一致。根据聘任合同，董事会授权董事长与总经理签订年度和任期经营业绩责任书，董事会可以授权总经理与其他职业经理人签订年度和任期经营业绩责任书。经营业绩责任书一般包括以下内容：双方基本信息，考核内容及指标，考核指标的目标值、确定方法及计分规则，考核实施与奖惩及其他需要约定的事项。

（3）考核内容及指标。董事会对职业经理人实施年度和任期考核，考核以经营业绩考核指标为主，根据岗位职责和工作分工，确定每位职业经理人的考核内容及指标，年度和任期经营业绩考核内容及指标应适当区分、有效衔接。

董事会可以结合实际对职业经理人进行试用期考核和任期考核。

（4）考核指标的目标值。考核指标目标值设定应当具有较强的挑战性，力争跑赢市场、优于同行。考核指标目标值应当结合本企业历史业绩、同行业可比企业业绩情况等综合确定。

2. 考核实施

年度经营业绩考核以年度为周期进行考核，一般在当年年末或次年年初进行。任期经营业绩考核一般结合聘任期限届满当年年度考核一并进行。

考核期末，董事会依据经审计的企业财务决算数据等，对职业经理人考核内容及指标的完成情况进行考核，形成考核与奖惩意见，并反馈给职业经理人。职业经理人对考核与奖惩意见有异议的，可及时向董事会反映。

（四）差异化薪酬

1. 薪酬结构

职业经理人薪酬结构可以包括基本年薪、绩效年薪、任期激励，也可以实施各种方式的中长期激励，具体由董事会与职业经理人协商确定。

（1）基本年薪是职业经理人的年度基本收入。

（2）绩效年薪是与职业经理人年度经营业绩考核结果相挂钩的浮动收入，原则上占年度薪酬（基本年薪与绩效年薪之和）的比例不低于60%。

（3）任期激励是与职业经理人任期经营业绩考核结果挂钩的收入。

国有企业可以综合运用国有控股上市公司股权激励、国有科技型企业股权和分红激励、国有控股混合所有制企业员工持股等中长期激励政策，探索超额利润分享、虚拟股权、跟投等中长期激励方式，不断丰富完善职业经理人的薪酬结构。

职业经理人履职待遇及福利，由董事会与职业经理人协商确定。

2. 薪酬水平

职业经理人薪酬总水平应当按照"业绩与薪酬双对标"原则，根据行业特点、企业发展战略目标、经营业绩、市场同类可比人员薪酬水平等因素，由董事会与职业经理人协商确定。

3. 薪酬支付

（1）规范薪酬支付。规范薪酬基本年薪按月支付。绩效年薪、任期激励先考核后兑现，可结合企业实际情况延期支付。中长期激励收入在董事会与职业经理人签订的聘任合同约定的锁定期到期后支付或行权。

解除（终止）聘用和劳动关系后（聘期届满考核合格但不再续聘的除外），原则上不得兑现当年绩效年薪、任期激励和其他中长期激励收入。

（2）实行薪酬追索扣回制度。"双百企业"应根据有关规定建立薪酬追索扣回制度，并在聘任合同中予以明确。

（五）市场化退出

1. 退出条件

建立职业经理人市场化退出机制，依据职业经理人聘任合同约定和经营业绩考核结果等，出现以下情形的，应解除（终止）聘任关系。

（1）考核不达标的，如：年度经营业绩考核结果未达到完成底线（如百分制低于 70 分）；年度经营业绩考核主要指标未达到完成底线（如完成率低于70%）；聘任期限内累计两个年度经营业绩考核结果为不合格；任期经营业绩考核结果为不合格。

（2）对于开展任期综合考核评价的，评价结果为不称职的。

（3）因严重违纪违法、严重违反企业管理制度被追究相关责任的。

（4）聘任期间对企业重大决策失误、重大资产损失、重大安全事故等负有重要领导责任的，或对违规经营投资造成国有资产损失负有责任的。

（5）因健康原因无法正常履行工作职责的。

（6）聘期未满但双方协商一致解除聘任合同或者聘期届满不再续聘的。

（7）试用期内或试用期满，经试用发现或试用考核结果不适宜聘任的情形。

（8）董事会认定不适宜继续聘任的其他情形。

2. 辞职规定

职业经理人因个人原因辞职的，应依据《中华人民共和国劳动合同法》和签订的聘任合同有关条款，提前 30 日提出辞职申请。未经批准擅自离职、给企业造成损失的，依法依规追究其相应责任。

3. 退出规定

在职业经理人解除（终止）聘任关系的同时，如有党组织职务应当一并免去，并依法解除（终止）劳动关系。

（六）职业经理人制度的优缺点

职业经理人制度有着以下优点。

（1）职业经理人制度有利于优化公司治理结构。分权和制衡是公司治理结构的关键，也是公司运作的基础，职业经理人制度有效地实现了公司各种利益的均衡，职业经理人契约化管理使得股东会、董事会和经理层之间的委托代理关系层层细化，配合中长期激励机制和内外部监督机制，可以使企业所有者和经营者利益一致，从而确保企业决策和执行的有效运行。

（2）职业经理人制度有利于提升企业业绩。所有权和经营权的分离，企业的经营管理工作由职业经理人承担，其本质是管理分工的进步和细化，当企业所有者有多家企业时，不可能介入到每一家企业的经营管理中，而是必须要采用职业经理人制度，通过合适的契约关系和合理的激励制度，放权赋能，因此职业经理人制度总体上会改善经营管理效果，促进企业业绩的提升。

（3）职业经理人制度有利于经理层的发展。完善的职业经理人制度通过建立系统的培训教育机制，可以有效地提高职业经理人的素质和水平，充分地授权又能加速职业经理人的经验积累，较高的薪酬、社会地位和名誉更能激发职业经理人不断成长，促进了职业经理人队伍的不断发展。

（4）职业经理人采用契约化进行管理，职业经理人制度也存在一定的弊端，具体体现在以下三个方面。

1）信息的不对称性。企业所有者在聘任职业经理人时对于职业经理人的管理经验、管理水平和管理能力的认识是片面的，对其性格特征的了解也是有很大局限性的，同时，职业经理人对于企业情况的了解也是不成熟的，因此存在一定的经营风险。

2）履约的不确定性。企业所有者交出企业的经营权以后，一般不参与企业的日常经营管理，导致对于企业的经营状况、职业经理人的尽职情况了解有限，处于明显的信息劣势。

3）结果的不对称性。如果企业经营失败或者出现资产的重大损失，职业经理人最多就是失去工作，而企业所有者可能血本无归，高昂的代理成本可能带来的结果并不尽如人意，职业经理人道德风险和机会主义都有可能给企业带来致命性的打击。

三、市场化劳动用工

（一）劳动用工存在主要问题

劳动用工制度就是企业对劳动力进行招收、录用、工作期限、工作分配等方面实行的相关制度。许多企业劳动用工规模大，用工构成复杂，用工形式多样。国有企业劳动用工制度改革是完善现代企业制度的一个重要组成部分，是企业加强和改进管理、转换经营机制的重点内容，也是国有企业改革的难点问题。不断推进劳动用户制度改革，建立科学的劳动用工管理制度，可以充分调动员工的工作积极性，充分激发职工工作动力和活力，吸引和稳定高技能、高水平人才，增强企业的竞争力和发展潜力。

目前，我国国有企业的劳动用工制度已经初步市场化，但是仍然存在一些没有解决的问题。

（1）体现在管理规范性还有欠缺，国有企业已经形成了正式工、临时工、劳务派遣工、合同工、借调工等一系列的用工形式，劳动用工管理复杂，尚未形成有效的管理体系，新双轨制造成了不同类型员工在劳动强度、薪酬福利、职业发展等方面差异巨大，同工不同酬。

（2）企业内部分配制度不合理，薪酬制度不够完善，平均主义严重，干与不干一个样，干多干少一个样，干好干坏一个样，无法对员工起到激励作用，员工基本收入和其他待遇与员工的行政级别、工龄、职称等高度相关，一旦不能达到级别和职称，工资就不可能上升。

（3）不少企业存在只能上不能下，只能进不能出，只能增不能减的情况，除非员工严重违反劳动纪律或者自己提出离职。

国有企业要深化改革，适应社会主义市场经济体制建立现代企业制度，就是需要建立市场化劳动用工机制，加快劳动关系管理的市场化改革，形成以劳动合同为基础、以岗位管理为核心的市场化用工制度，形成劳动用工有活力、岗位价值能体现的劳资关系新格局。

（二）劳动用工制度改革方向

加快推进国有企业和用工制度的改革，引导企业通过管理创新和制度创新改善劳动用工关系，建立新型企业用工制度，既体现国有企业的本质属性，又负荷市场化改革的基本方向和现代企业制度要求，符合劳动立法保护精神，实现劳动群众体面劳动，促进社会公平正义。

1. 完善劳动合同制度

合同管理是市场化劳动用工管理制度的核心，建立劳动合同制度。完善管理手段，依法做好劳动合同的签订、变更、续订、终止和解除，对劳动合同实行动态管理。职工劳动合同期满，企业应该根据经营需要和考核情况，与职工签订劳动合同。合同管理带来全员聘用制，用人单位对聘期内员工的绩效进行年度考核，根据考核情况进行解聘或者续聘。根据劳动合同和绩效考核结果，建立员工退出制度，使员工能进能出。

2. 完善岗位管理制度

岗位管理是市场化用工的基础，要严格定岗定编定员，以岗位管理为抓手，优化劳动组织结构，根据公司生产经营需要和组织的职能职责科学设置岗位，以及战略发展规划和年度生产经营指标对岗位进行系统分析，测定岗位工作量，严格控制人员增长，减员增效，不算改善人员结构和素质。实行岗位准入制度，明确各类岗位人员的聘用条件，把好入口关。加强关键岗位和敏感岗位管理，尽量做好工作人员的有序流动和岗位价值的充分体现，通过资质调整、管理提升、信息化工具等方式，减少管理层级，简化管理程序，削减管理职数，合理薪酬分配制度，实现内部员工队伍结构合理优化配置。

3. 建立市场化招聘制度

要建立健全国有企业各类管理人才、技术专家、技能人才的公开招聘、择优聘用、竞争上岗等制度，面向全社会广泛招揽人才，通过市场化的手段招聘具有核心竞争力的员工和管理人员，对职业经理人等特殊管理人才可以通过委托人才中介机构、猎头公司等方式，拓宽选人用人的事业和渠道，通过制度手段和内外部监督切实保证招聘工作的公开公正，切实做到信息公开、过程公开、结果公开。

4. 完善职工培训制度

企业要形成培训与考核、使用、待遇相结合的激励机制，坚持先培训后上岗，大力开展岗前培训，完善培训体系的建立，提高培训的质量和效果。对于在职员工，要建立师带徒制度，不定期开展各类培训，不断提升职工素质和工作技能，激发职工创新能力，使职工在国有企业内部不断成长。建立梯队式职工队伍，实现人才的有序流动和水平的不断提升，为内部选拔奠定后备人才队伍。

四、市场化薪酬分配

（一）改革国有企业工资决定机制

1. 指导思想

全面贯彻党的十九大精神，以习近平新时代中国特色社会主义思想为指导，认真落实党中央、国务院决策部署，统筹推进"五位一体"总体布局和协调推进"四个全面"战略布局，坚持以人民为中心的发展思想，牢固树立和贯彻落实新发展理念，按照深化国有企业改革、完善国有资产管理体制和坚持按劳分配原则、完善按要素分配体制机制的要求，以增强国有企业活力、提升国有企业效率为中心，建立健全与劳动力市场基本适应、与国有企业经济效益和劳动生产率挂钩的工资决定和正常增长机制，完善国有企业工资分配监管体制，充分调动国有企业职工的积极性、主动性、创造性，进一步激发国有企业创造力和提高市场竞争力，推动国有资本做强做优做大，促进收入分配更合理、更有序。

2. 基本原则

（1）坚持建立中国特色现代国有企业制度改革方向。坚持所有权和经营权相分离，进一步确立国有企业的市场主体地位，发挥企业党委（党组）领导作用，依法落实董事会的工资分配管理权，完善既符合企业一般规律又体现国有企业特点的工资分配机制，促进国有企业持续健康发展。

（2）坚持效益导向与维护公平相统一。国有企业工资分配要切实做到既有激励又有约束、既讲效率又讲公平。坚持按劳分配原则，健全国有企业职工工资与经济效益同向联动、能增能减的机制，在经济效益增长和劳动生产率提高的同时实现劳动报酬同步提高。统筹处理好不同行业、不同企业和企业内部不同职工之间的工资分配关系，调节过高收入。

（3）坚持市场决定与政府监管相结合。充分发挥市场在国有企业工资分配中的决定性作用，实现职工工资水平与劳动力市场价位相适应、与增强企业市场竞争力相匹配。更好发挥政府对国有企业工资分配的宏观指导和调控作用，改进和加强事前引导和事后监督，规范工资分配秩序。

（4）坚持分类分级管理。根据不同国有企业功能性质定位、行业特点和法人治理结构完善程度，实行工资总额分类管理。按照企业国有资产产权隶属关系，健全工资分配分级监管体制，落实各级政府职能部门和履行出资人职责机构（或其他企业主管部门，下同）的分级监管责任。

3. 改革工资总额决定机制

按照国家工资收入分配宏观政策要求，根据企业发展战略和薪酬策略、年度生产经营目标和经济效益，综合考虑劳动生产率提高和人工成本投入产出率、职工工资水平市场对标等情况，结合政府职能部门发布的工资指导线，合理确定年度工资总额。

企业经济效益增长的，当年工资总额增长幅度可在不超过经济效益增长幅度范围内确定。其中，当年劳动生产率未提高、上年人工成本投入产出率低于行业平均水平或者上年职工平均工资明显高于全国城镇单位就业人员平均工资的，当年工资总额增长幅度应低于同期经济效益增长幅度；对主业不处于充分竞争行业和领域的企业，上年职工平均工资达到政府职能部门规定的调控水平及以上的，当年工资总额增长幅度应低于同期经济效益增长幅度，且职工平均工资增长幅度不得超过政府职能部门规定的工资增长调控目标。

企业经济效益下降的，除受政策调整等非经营性因素影响外，当年工资总额原则上相应下降。其中，当年劳动生产率未下降、上年人工成本投入产出率明显优于行业平均水平或者上年职工平均工资明显低于全国城镇单位就业人员平均工资的，当年工资总额可适当少降。

企业未实现国有资产保值增值的，工资总额不得增长，或者适度下降。

企业按照工资与效益联动机制确定工资总额，原则上增人不增工资总额、减人不减工资总额，但发生兼并重组、新设企业或机构等情况的，可以合理增加或者减少工资总额。

根据企业功能性质定位、行业特点，科学设置联动指标，合理确定考核目标，突出不同考核重点。

对主业处于充分竞争行业和领域的商业类国有企业，应主要选取利润总额（或净利润）、经济增加值、净资产收益率等反映经济效益、国有资本保值增值和市场竞争能力的指标。对主业处于关系国家安全、国民经济命脉的重要行业和关键领域、主要承担重大专项任务的商业类国有企业，在主要选取反映经济效益和国有资本保值增值指标的同时，可根据实际情况增加营业收入、任务完成率等体现服务国家战略、保障国家安全和国民经济运行、发展前瞻性战略性产业以及完成特殊任务等情况的指标。对主业以保障民生、服务社会、提供公共产品和服务为主的公益类国有企业，应主要选取反映成本控制、产品服务质量、营运效率和保障能力等情况的指标，兼顾体现经济效益和国有资本保值增值的指标。对金融类国有企业，属于开发性、政策性的，应主要选取体现服务国家战略和风险控制的指标，兼顾反映经济效益的指标；属于商业性的，应主要选取反映经济效益、资产质量和偿付能力的指标。对文化类国有企业，应同时选取反映社会效益和经济效益、国有资本保值增值的指标。劳动生产率指标一般以人均增加值、人均利润为主，根据企业实际情况，可选取人均营业收入、人均工作量等指标。

4. 改革工资总额管理方式

（1）全面实行工资总额预算管理。工资总额预算方案由国有企业自主编制，按规定履行内部决策程序后，根据企业功能性质定位、行业特点并结合法人治理结构完善程度，分别报履行出资人职责机构备案或核准后执行。

对主业处于充分竞争行业和领域的商业类国有企业，工资总额预算原则上实行备案制。其中，未建立规范董事会、法人治理结构不完善、内控机制不健全的企业，经履行出资人职责机构认定，其工资总额预算应实行核准制。

对其他国有企业，工资总额预算原则上实行核准制。其中，已建立规范董事会、法人治理结构完善、内控机制健全的企业，经履行出资人职责机构同意，其工资总额预算可实行备案制。

（2）合理确定工资总额预算周期。国有企业工资总额预算一般按年度进行管理。对行业周期性特征明显、经济效益年度间波动较大或存在其他特殊情况的企业，工资总额预算可探索按周期进行管理，周期最长不超过三年，周期内的工资总额增长应符合工资与效益联动的要求。

（3）强化工资总额预算执行。国有企业应严格执行经备案或核准的工资总额预算方案。执行过程中，因企业外部环境或自身生产经营等编制预算时所依据的情况发生重大变化，需要调整工资总额预算方案的，应按规定程序进行调整。

履行出资人职责机构应加强对所监管企业执行工资总额预算情况的动态监控和指导，并对预算执行结果进行清算。

5. 完善企业内部工资分配管理

（1）完善企业内部工资总额管理制度。国有企业在经备案或核准的工资总额预算内，依法依规自主决定内部工资分配。企业应建立健全内部工资总额管理办法，根据所属企业功能性质定位、行业特点和生产经营等情况，指导所属企业科学编制工资总额预算方案，逐级落实预算执行责任，建立预算执行情况动态监控机制，确保实现工资总额预算目标。企业集团应合理确定总部工资总额预算，其职工平均工资增长幅度原则上应低于本企业全部职工平均工资增长幅度。

（2）深化企业内部分配制度改革。国有企业应建立健全以岗位工资为主的基本工资制度，以岗位价值为依据，以业绩为导向，参照劳动力市场工资价位并结合企业经济效益，通过集体协商等形式合理确定不同岗位的工资水平，向关键岗位、生产一线岗位和紧缺急需的高层次、高技能人才倾斜，合理拉开工资分配差距，调整不合理过高收入。加强全员绩效考核，使职工工资收入与其工作业绩和实际贡献紧密挂钩，切实做到能增能减。

（3）规范企业工资列支渠道。国有企业应调整优化工资收入结构，逐步实现职工收入工资化、工资货币化、发放透明化。严格清理规范工资外收入，将所有工资性收入一律纳入工资总额管理，不得在工资总额之外以其他形式列支任何工资性支出。

6. 健全工资分配监管体制机制

（1）加强和改进政府对国有企业工资分配的宏观指导和调控。人力资源社会保障部门负责建立企业薪酬调查和信息发布制度，定期发布不同职业的劳动力市场工资价位和行业人工成本信息；会同财政、国资监管等部门完善工资指导线制度，定期制定和发布工资指导线、非竞争类国有企业职工平均工资调控水平和工资增长调控目标。

（2）落实履行出资人职责机构的国有企业工资分配监管职责。履行出资人职责机构负责做好所监管企业工资总额预算方案的备案或核准工作，加强对所监管企业工资总额预算执行情况的动态监控和执行结果的清算，并按年度将所监管企业工资总额预算执行情况报同级人力资源社会保障部门，由人力资源社会保障部门汇总报告同级人民政府。同时，履行出资人职责机构可按规定将有关情况直接报告同级人民政府。

（3）完善国有企业工资分配内部监督机制。国有企业董事会应依照法定程序决定工资分配事项，加强对工资分配决议执行情况的监督。落实企业监事会对工资分配的监督责任。将企业职工工资收入分配情况作为厂务公开的重要内容，定期向职工公开，接受职工监督。

（4）建立国有企业工资分配信息公开制度。履行出资人职责机构、国有企业每年定期将企业工资总额和职工平均工资水平等相关信息向社会披露，接受社会公众监督。

（5）健全国有企业工资内外收入监督检查制度。人力资源社会保障部门会同财政、国资监管等部门，定期对国有企业执行国家工资收入分配政策情况开展监督检查，及时查处违规发放工资、滥发工资外收入等行为。加强与出资人监管和审计、税务、纪检监察、巡视等监督的协同，建立工作会商和资源共享机制，提高监督效能，形成监督合力。

对企业存在超提、超发工资总额及其他违规行为的，扣回违规发放的工资总额，并视违规情形对企业负责人和相关责任人员依照有关规定给予经济处罚和纪律处分；构成犯罪的，由司法机关依法追究刑事责任。

（二）改革企业负责人薪酬制度

1. 指导思想

认真贯彻落实党的十八届三中全会关于合理确定并严格规范国有企业管理人员薪酬水平精神，从我国社会主义初级阶段基本国情出发，适应国有资产管理体制和国有企业改革进程，按照企业负责人分类管理要求，综合考虑企业负责人的经营业绩和承担的政治责任、社会责任，建立符合中央管理企业负责人特点的薪酬制度，规范企业收入分配秩序，对不合理的偏高、过高收入进行调整，实现薪酬水平适当、结构合理、管理规范、监督有效，促进企业持续健康发展，推动形成合理有序的收入分配格局。

2. 基本原则

（1）坚持国有企业完善现代企业制度的方向，健全中央管理企业负责人薪酬分配的激励和约束机制，将物质激励与精神激励相结合，强化中央管理企业负责人责任，增强企业发展活力。

（2）坚持分类分级管理，建立与中央企业负责人选任方式相匹配、与企业功能性质相适应的差异化薪酬分配办法，严格规范中央管理企业负责人薪酬分配，中央企业市场化选聘的职业经理人实行市场化薪酬分配机制。

（3）坚持统筹兼顾，形成中央管理企业负责人与企业职工之间的合理工资收入分配关系，合理调节不同行业企业负责人之间的薪酬差距，促进社会公平正义。

（4）坚持政府监管与企业自律相结合，完善中央企业薪酬监管体制机制，规范收入分配秩序。

3. 合理确定薪酬结构和水平

中央管理企业负责人的薪酬由基本年薪、绩效年薪、任期激励收入三部分构成。

基本年薪是指中央管理企业负责人的年度基本收入。中央管理企业主要负责人基本年薪根据上年度中央企业在岗职工平均工资的 2 倍确定，原则上每年核定一次；副职负责人的基本年薪依据其岗位职责和承担风险等因素，按本企业主要负责人基本年薪的 0.6~0.9 倍确定，合理拉开差距。

绩效年薪是指与中央管理企业负责人年度考核评价结果相联系的收入，以基本年薪为基数，根据年度考核评价结果结合绩效年薪调节系数确定。中央管理企业负责人年度考核评价系数最高不超过 2。绩效年薪调节系数主要根据企业功能性质，所在行业以及企业总资产、营业收入、利润总额、从业人员等规模因素确定，最高不超过 1.5。参与市场竞争程度高的企业绩效年薪系数应高于参与市场竞争程度低的企业；规模大的企业绩效年薪例节系数应高于规模小的企业。

根据企业功能或行业特点，经批准可适当调整基本年薪和绩效年薪的比例。中央管理企业负责人年度综合考核评价力不胜任的，不得领取绩效年薪当年本企业在岗职工平均工资未增长的，中央管理企业负责人绩效年薪不得增长。

任期激励收入是指与中央管理企业负责人任期考核评价结果相联系的收入，根据任期考核评价结果，在不超过企业负责人任期内年薪总水平的 30% 以内确定。

中央管理企业负责人任期综合考核评价力不胜任的，不得领取任期激励收入。因本人原因任期未满的，不得实行任期激励；非本人原因任期未满的，根据任期考核评价结果并结合本人在企业负责人岗位实际任职时间及贡献发放相应任期激励收入。

4. 完善综合考核评价办法

（1）建立综合考核评价制度。坚持经济效益和社会效益相统一。对中央管理企业负责人履职情况进行全面综合考核评价，在加强经营业绩考核的同时，加强履行政治责任、社会责任等情况的考核评价，体现以德为先、全面担当。

（2）改进经营业绩考核。加强对中央管理企业负责人年度和任期经营业绩分类考核，根据企业功能性质定位突出不同考核重点，科学设置考核指标，合理确定考核目标，实行定量与定性分析相结合、横向与纵向对比补充的考核办法，规范考核程序，严格考核管理。

5. 规范薪酬支付和管理

（1）中央管理企业负责人薪酬按照薪酬审核部门核定的薪酬方案支付。基本年薪按月支付。按照先考核后兑现的原则，绩效年薪按考核年度一次性兑现，任期激励收入可实行延期支付办法。

对任期内出现重大失误、给企业造成重大损失的，根据中央管理企业负责人承担的责任，追索扣回部分或全部已发绩效年薪和任期激励收入。追索扣回办法适用于已离职或退休的中央管理企业负责人。

（2）中央管理企业负责人在下属全资、控股、参股企业兼职或在本企业外的其他单位兼职的，不得在兼职企业（单位）领取工资、奖金、津贴等任何形式的报酬。

（3）中央管理企业负责人不得在国家规定之外领取由地方政府或有关部门发放的奖金及实物奖励。

（4）中央管理企业负责人因岗位变动调离企业的，自任免机关下发职务调整通知文件次月起，除按当年在企业负责人岗位实际工作月数计提的绩效年薪和应发任期激励收入外、不得继续在原企业领取薪酬，工资关系不得保留在原企业。

（5）中央企业负责人因工作变动离开原岗位但工资关系按规定保留在原企业的、自任免机关下发任免通知文件次月起，其工资收入参考本企业同岗位负责人的基本年薪确定、除按当年在企业负责人岗位实际工作月数计提的绩效年薪和应发任期激励收入外，不得继续领取绩效年薪和任期激励收入。

（6）中央管理企业负责人达到法定退休年龄退休，按规定领取养老金的，除按当年在企业负责人岗位实际工作月数计提的绩效年薪和应发任期激励收入外，不得继续在原企业领取薪酬。

（7）中央管理企业负责人的薪酬在财务统计中单列科目，单独核算并设置明细账目。中央管理企业负责人薪酬应计入企业工资总额，在企业成本中列支，在工资统计中单列。

（8）中央管理企业负责人离任后，其薪酬方案和考核兑现个人收入的原始资料应至少保存15年。

6. 统筹福利性待遇

中央管理企业负责人按照国家有关规定参加基本养老保险和基本医疗保险。中央企业负责人所在企业按照国家有关规定建立企业年金的，其缴费比例不得超过国家统一规定的标准，企业当期缴费计入企业负责人年金个人账户的最高额不得超过国家有关规定。中央管理企业负责人所在企业按照国家有关规定建立补充医疗保险的，其缴费比例不得超过国家统一规定的标准，企业负责人补充医疗保险待遇按规定执行。

企业为中央管理企业负责人缴存住房公积金比例最高不得超过12%，缴存基数最高不得超过企业负责人工作所在地设区城市统计部门公布的上一年度职工月平均工资的3倍。

中央管理企业负责人享受的符合国家规定的企业年金、补充医疗保险和住房公积金等福利性待遇，应一并纳入薪酬体系统筹管理。中央管理企业负责人不得在企业领取其他福利性货币收入。

7. 健全薪酬监督管理机制

人力资源社会保障部会同中央组织部，国家发展改革委、财政部、国务院国资委等部门，负责指导和监督中央管理企业负责人薪酬分配，拟订薪酬管理政策，审核认定年度中央企业在岗工平均工资，统筹协调不同行业中央管理企业负责人绩效年薪调节系数，调节不同行业中央管理企业负责人薪酬水平。

中央组织部牵头负责对中央管理企业负责人的综合考核评价工作。财政部、国务院国资委和其他机关业务主管部门按照分工，负责中央管理企业负责人的经营业绩考核和薪酬水平审核。

中央管理企业负责人薪酬审核结果及福利性待遇等情况由薪酬审核部门报人力资源社会保障部备案，其他中央企业负责人、中各部门管理企业负责人的薪酬及福利性待遇等情况由有关部门按要求报人力资源社会保障部备案，由人力资源社会保障部汇总报告国务院。

健全企业内部监督制度。将中央管理企业负责人薪酬制度、薪酬水平、补充保险等纳入厂务（司务）公开范围，接受职工监督。发挥公司制企业股东大会、董事会、监事会等对中央管理企业负责人薪酬分配的监督作用。

建立健全薪酬信息公开制度。上市公司的中央管理企业负责人薪酬水平、福利性收入等薪酬信息，按照上市公司信息披露管理办法向社会披露；未上市企业的中央管理企业负责人薪酬信息，参照上市公司信息披露管理办法向社会披露。薪酬审核部门定期将其审核的中央管理企业负责人薪酬信息向社会公开披露，接受社会公众监督。

人力资源社会保障部会同中央组织部、财政部、审计署、国务院国资委等部门对中央管理企业负责人薪酬制度实施过程和结果进行监督检查。

中央管理企业负责人存在违反规定自定薪酬、兼职取酬、享受福利性待遇等行为的，依照有关规定给予纪律处分、组织处理和经济处罚，并追回违规所得收入.中央管理企业负责人因违纪违规受到处理的，减发或者全部扣发绩效年薪和任期激励收入。

薪酬审核部门在审核中央管理企业负责人薪酬时违反相关规定的，依照有关规定给予相关责任人纪律处分和组织处理。

第六节　强化国有资产管理

改革开放以来，我国国有资产管理体制改革稳步推进，国有资产出资人代表制度基本建立，保值增值责任初步得到落实，国有资产规模、利润水平、竞争能力得到较大提升。但必须看到，现行国有资产管理体制中政企不分、政资不分问题依然存在，国有资产监管还存在越位、缺位、错位现象；国有资产监督机制不健全，国有资产流失、违纪违法问题在一些领域和企业比较突出；国有经济布局结构有待进一步优化，国有资本配置效率不高等问题亟待解决。

党的十九届四中全会明确要求，形成以管资本为主的国有资产监管体制，这是以习近平同志为核心的党中央立足党和国家事业发展全局、对深化国资国企改革做出的重大决策，对于优化国有资本布局、发挥国有经济主导作用、促进国民经济持续健康发展具有十分重要的意义。

一、完善国有资产管理体制

（一）指导思想

完善国有资产管理体制，就是要深入贯彻落实党的十九大精神，按照党中央、国务院决策部署，坚持和完善社会主义基本经济制度，坚持社会主义市场经济改革方向，尊重市场经济规律和企业发展规律，正确处理好政府与市场的关系，以管资本为主加强国有资产监管，改革国有资本授权经营体制，真正确立国有企业的市场主体地位，推进国有资产监管机构职能转变，适应市场化、现代化、国际化新形势和经济发展新常态，不断增强国有经济活力、控制力、影响力和抗风险能力。

（二）基本原则

（1）坚持权责明晰。实现政企分开、政资分开、所有权与经营权分离，依法理顺政府与国有企业的出资关系。切实转变政府职能，依法确立国有企业的市场主体地位，建立健全现代企业制度。坚持政府公共管理职能与国有资产出资人职能分开，确保国有企业依法自主经营，激发企业活力、创新力和内生动力。

（2）坚持突出重点。按照市场经济规则和现代企业制度要求，以管资本为主，以资本为纽带，以产权为基础，重点管好国有资本布局、规范资本运作、提高资本回报、维护资本安全。注重通过公司法人治理结构依法行使国有股东权利。

（3）坚持放管结合。按照权责明确、监管高效、规范透明的要求，推进国有资产监管机构职能和监管方式转变。该放的依法放开，切实增强企业活力，提高国有资本运营效率；该管的科学管好，严格防止国有资产流失，确保国有资产保值增值。

（4）坚持稳妥有序。处理好改革、发展、稳定的关系，突出改革和完善国有资产管理体制的系统性、协调性，以重点领域为突破口，先行试点，分步实施，统筹谋划，协同推进相关配套改革。

（三）推进国有资产监管机构职能转变

（1）准确把握国有资产监管机构的职责定位。国有资产监管机构作为政府直属特设机构，根据授权代表本级人民政府对监管企业依法履行出资人职责，科学界定国有资产出资人监管的边界，专司国有资产监管，不行使政府公共管理职能，不干预企业自主经营权。以管资本为主，重点管好国有资本布局、规范资本运作、提高资本回报、维护资本安全，更好地服务于国家战略目标，实现保值增值。发挥国有资产监管机构专业化监管优势，逐步推进国有资产出资人监管全覆盖。

（2）进一步明确国有资产监管重点。加强战略规划引领，改进对监管企业主业界定和投资并购的管理方式，遵循市场机制，规范调整存量，科学配置增量，加快优化国有资本布局结构。加强对国有资本运营质量及监管企业财务状况的监测，强化国有产权流转环节监管，加大国有产权进场交易力度。按照国有企业的功能界定和类别实行分类监管。改进考核体系和办法，综合考核资本运营质量、效率和收益，以经济增加值为主，并将转型升级、创新驱动、合规经营、履行社会责任等纳入考核指标体系。着力完善激励约束机制，将国有企业领导人员考核结果与职务任免、薪酬待遇有机结合，严格规范国有企业领导人员薪酬分配。建立健全与劳动力市场基本适应，与企业经济效益、劳动生产率挂钩的工资决定和正常增长机制。推动监管企业不断优化公司法人治理结构，把加强党的领导和完善公司治理统一起来，建立国有企业领导人员分类分层管理制度。强化国有资产监督，加强和改进外派监事会制度，建立健全国有企业违法违规经营责任追究体系、国有企业重大决策失误和失职渎职责任追究倒查机制。

（3）推进国有资产监管机构职能转变。围绕增强监管企业活力和提高效率，聚焦监管内容，该管的要科学管理、决不缺位，不该管的要依法放权、决不越位。将国有资产监管机构行使的投资计划、部分产权管理和重大事项决策等出资人权利，授权国有资本投资、运营公司和其他直接监管的企业行使；将依法应由企业自主经营决策的事项归位于企业；加强对企业集团的整体监管，将延伸到子企业的管理事项原则上归位于一级企业，由一级企业依法依规决策；将国有资产监管机构配合承担的公共管理职能，归位于相关政府部门和单位。

（4）改进国有资产监管方式和手段。大力推进依法监管，着力创新监管方式和手段。按照事前规范制度、事中加强监控、事后强化问责的思路，更多运用法治化、市场化的监管方式，切实减少出资人审批核准事项，改变行政化管理方式。通过"一企一策"制定公司章程、规范董事会运作、严格选派和管理股东代表和董事监事，将国有出资人意志有效体现在公司治理结构中。针对企业不同功能定位，在战略规划制定、资本运作模式、人员选用机制、经营业绩考核等方面，实施更加精准有效的分类监管。调整国有资产监管机构内部组织设置和职能配置，建立监管权力清单和责任清单，优化监管流程，提高监管效率。建立出资人监管信息化工作平台，推进监管工作协同，实现信息共享和动态监管。完善国有资产和国有企业信息公开制度，设立统一的信息公开网络平台，在不涉及国家秘密和企业商业秘密的前提下，依法依规及时准确地披露国有资本整体运营情况、企业国有资产保值增值及经营业绩考核总体情况、国有资产监管制度和监督检查情况，以及国有企业公司治理和管理架构、财务状况、关联交易、企业负责人薪酬等信息，建设阳光国企。

（四）改革国有资本授权经营体制

（1）改组组建国有资本投资、运营公司。主要通过划拨现有商业类国有企业的国有股权，以及国有资本经营预算注资组建，以提升国有资本运营效率、提高国有资本回报为主要目标，通过股权运作、价值管理、有序进退等方式，促进国有资本合理流动，实现保值增值；或选择具备一定条件的国有独资企业集团改组设立，以服务国家战略、提升产业竞争力为主要目标，在关系国家安全、国民经济命脉的重要行业和关键领域，通过开展投资融资、产业培育和资本整合等，推动产业集聚和转型升级，优化国有资本布局结构。

（2）明确国有资产监管机构与国有资本投资、运营公司关系。政府授权国有资产监管机构依法对国有资本投资、运营公司履行出资人职责。国有资产监管机构按照"一企一策"原则，明确对国有资本投资、运营公司授权的内容、范围和方式，依法落实国有资本投资、运营公司董事会职权。国有资本投资、运营公司对授权范围内的国有资本履行出资人职责，作为国有资本市场化运作的专业平台，依法自主开展国有资本运作，对所出资企业行使股东职责，维护股东合法权益，按照责权对应原则切实承担起国有资产保值增值责任。

（3）界定国有资本投资、运营公司与所出资企业关系。国有资本投资、运营公司依据公司法等相关法律法规，对所出资企业依法行使股东权利，以出资额为限承担有限责任。以财务性持股为主，建立财务管控模式，重点关注国有资本流动和增值状况；或以对战略性核心业务控股为主，建立以战略目标和财务效益为主的管控模式，重点关注所出资企业执行公司战略和资本回报状况。

（4）开展政府直接授权国有资本投资、运营公司履行出资人职责的试点工作。中央层面开展由国务院直接授权国有资本投资、运营公司试点等工作。地方政府可以根据实际情况，选择开展直接授权国有资本投资、运营公司试点工作。

（五）提高国有资本配置和运营效率

（1）建立国有资本布局和结构调整机制。政府有关部门制定完善经济社会发展规划、产业政策和国有资本收益管理规则。国有资产监管机构根据政府宏观政策和有关管理要求，建立健全国有资本进退机制，制定国有资本投资负面清单，推动国有资本更多投向关系国家安全、国民经济命脉和国计民生的重要行业和关键领域。

（2）推进国有资本优化重组。坚持以市场为导向、以企业为主体，有进有退、有所为有所不为，优化国有资本布局结构，提高国有资本流动性，增强国有经济整体功能和提升效率。按照国有资本布局结构调整要求，加快推动国有资本向重要行业、关键领域、重点基础设施集中，向前瞻性战略性产业集中，向产业链关键环节和价值链高端领域集中，向具有核心竞争力的优势企业集中。清理退出一批、重组整合一批、创新发展一批国有企业，建立健全优胜劣汰市场化退出机制，加快淘汰落后产能和化解过剩产能，处置低效无效资产。推动国有企业加快技术创新、管理创新和商业模式创新。推进国有资本控股经营的自然垄断行业改革，根据不同行业特点放开竞争性业务，实现国有资本和社会资本更好融合。

（3）建立健全国有资本收益管理制度。财政部门会同国有资产监管机构等部门建立覆盖全部国有企业、分级管理的国有资本经营预算管理制度，根据国家宏观调控和国有资本布局结构调整要求，提出国有资本收益上交比例建议，报国务院批准后执行。在改组组建国有资本投资、运营公司以及实施国有企业重组过程中，国家根据需要将部分国有股权划转社会保障基金管理机构持有，分红和转让收益用于弥补养老等社会保障资金缺口。

二、以管资本为主转变国有资产监管职能

（一）转变职能

适应国有资产资本化、国有企业股权多元化的发展阶段和市场化、法治化、国际化发展趋势，针对当前国有资产监管越位、缺位、错位问题，按照形成以管资本为主的国有资产监管体制的要求，从监管理念、监管重点、监管方式、监管导向等方面做出全方位、根本性转变。

（1）转变监管理念，从对企业的直接管理转向更加强调基于出资关系的监管。坚持政企分开、政资分开，进一步厘清职责边界，依法对国有资本投资、运营公司和其他直接监管的企业履行出资人职责，将应由企业自主经营决策的事项归位于企业，将延伸到子企业的管理事项原则上归位于一级企业，确保该管的科学管理、决不缺位，不该管的依法放权、决不越位。

（2）调整监管重点，从关注企业个体发展转向更加注重国有资本整体功能。立足国资监管工作全局，着眼于国有资本整体功能和效率，加强系统谋划、整体调控，在更大范围、更深层次、更广领域统筹配置国有资本，持续优化布局结构，促进国有资本合理流动、保值增值，推动国有经济不断发展壮大，更好服务

国家战略目标。

（3）改进监管方式，从习惯于行政化管理转向更多运用市场化法治化手段。坚持权由法定、权依法使，严格依据法律法规规定的权限和程序行权履职。改变重审批、轻监督等带有行政化色彩的履职方式，更加注重以产权为基础、以资本为纽带，依靠公司章程，通过法人治理结构履行出资人职责，将监管要求转化为股东意志。

（4）优化监管导向，从关注规模速度转向更加注重提升质量效益。坚持质量第一、效益优先，按照高质量发展的要求，完善考核规则，更好引导企业加快转变发展方式，推动国有企业质量变革、效率变革、动力变革，不断增强国有经济竞争力、创新力、控制力、影响力、抗风险能力。

（二）管资本的主要内容

深刻领会管资本的实质内涵，聚焦优化国有资本配置，管好资本布局；聚焦增强国有企业活力，管好资本运作；聚焦提高国有资本回报，管好资本收益；聚焦防止国有资产流失，管好资本安全；聚焦加强党的领导，管好国有企业党的建设。

（1）加强资本布局整体调控，进一步发挥国有资本功能作用。统筹国有资本布局方向，服务国家重大战略、区域发展战略和产业政策规划，构建全国国有资本规划体系。着力优化资本配置，坚持出资人主导与市场化原则相结合，大力推进国有资本的战略性重组、专业化整合和前瞻性布局。通过强化战略规划和主业管理、制定投资负面清单、核定非主业投资控制比例等方式，引导企业聚焦主责主业。大力化解过剩产能，加快处置低效无效资产，有效盘活国有资本。

（2）强化资本运作，进一步提高国有资本运营效率。建立完善国有资本运作制度，加强国有资本运作统筹谋划，加快打造市场化专业平台。发挥国有资本投资公司功能作用，通过开展投资融资、产业培育和资本运作等，推动产业集聚、化解过剩产能和转型升级，培育核心竞争力和创新能力。优化国有资本运营，通过股权运作、基金投资、培育孵化、价值管理、有序进退等方式，实现国有资本合理流动和保值增值。加强产权登记、国有资产交易流转、资产评估、资产统计、清产核资等基础管理工作，确保资本运作依法合规、规范有序。

（3）优化资本收益管理，进一步促进国有资本保值增值。完善考核指标体系，对不同功能定位、不同行业领域、不同发展阶段的企业实行分类、差异化考核。充分发挥考核导向作用，突出质量第一效益优先、服务国家战略、创新驱动发展、供给侧结构性改革等重点，完善激励约束机制。优化国有资本经营预算的收益与支出管理，更多体现出资人调控要求，提高资本金注入占预算支出的比重，推动资本预算市场化运作。加强上市公司市值管理，提高股东回报。强化财务预决算管理和重大财务事项监管，实现资本收益预期可控和保值增值。

（4）维护国有资本安全，进一步筑牢防止国有资产流失的底线。健全覆盖国资监管全部业务领域的出资人监督制度，加强对所监管企业关键业务、改革重点领域和国有资本运营重要环节以及境外国有资产的监督。完善问责机制，加大违规经营投资责任追究力度，构建业务监督、综合监督、责任追究三位一体的监督工作闭环。强化监督协同，统筹出资人监督和纪检监察监督、巡视监督、审计监督以及社会监督力量，建立有效的监督协同联动和会商机制，切实防止国有资产流失。

（5）全面加强党的领导，进一步以高质量党建引领国有企业高质量发展。坚持"两个一以贯之"，将加强党的领导与完善公司治理相统一，指导推动国有企业党委（党组）发挥领导作用，把方向、管大局、保落实。着力抓好党的建设，坚持管资本就要管党建，把党的建设融入管资本的全过程各方面，加强混合所有制企业党的组织建设，推进基层党组织全覆盖，不断增强基层党组织的组织力凝聚力战斗力。推动全面从严治党向纵深发展，加强国有企业党风廉政建设和反腐败工作，为国有企业改革发展营造风清气正的良好环境。

（三）管资本的方式手段

坚持授权与监管相结合、放活与管好相统一，在明确管资本重点内容的基础上，同步调整优化监管方式，实现监管职能与方式相互融合、相互促进，增强向管资本转变的系统性和有效性。

（1）实行清单管理。依照《中华人民共和国公司法》《中华人民共和国企业国有资产法》等法律法规和国资委"三定"规定，建立完善权力和责任清单，落实以管资本为主的要求，明确履职重点，厘清职责边界。按照权责法定原则，将不该有的权力拦在清单之外；保证清单内的权力规范运行，督促责任落实到位。根据职能转变进展情况，对清单实施动态调整，规范权责事项履职内容和方式。

（2）通过法人治理结构履职。依法制定或参与制订公司章程，推动各治理主体严格依照公司章程行权履职，充分发挥公司章程在公司治理中的基础作用。依据股权关系向国家出资企业委派董事或提名董事人选，规范董事的权利和责任，强化对外部董事的监督管理，督促履职尽责，加强沟通，健全工作联动机制，更好落实出资人意志。

（3）分类授权放权。加大授权放权力度，结合企业功能界定与分类、治理能力、管理水平等改革发展实际，根据国有资本投资、运营公司和其他直接监管企业的不同特点，有针对性地开展授权放权，充分激发微观主体活力。定期评估授权放权事项的执行情况和实施效果，建立动态调整机制。

（4）加强事中事后监管。切实减少审批事项，打造事前制度规范、事中跟踪监控、事后监督问责的完整工作链条。推进信息化与监管业务深度融合，统一信息工作平台，实现实时在线动态监管，提高监管的针对性和有效性。加大对国有资产监管制度执行情况的监督检查力度，不断健全监督制度，创新监督手段，严格责任追究。

（四）管资本的支撑保障

围绕以管资本为主的目标任务，需要进一步统一思想认识、加强组织领导、健全监管制度、强化队伍建设，为形成以管资本为主的国有资产监管体制提供坚实保障。

（1）统一思想认识，凝聚系统共识。牢牢把握国资监管机构职责定位，全面履行好中央企业出资人职责、国有资产监管职责和中央企业党的建设三方面职责，按照以管资本为主的要求，强化重点职能，调整履职方式。加强中央关于国资监管职能转变精神宣贯，突出做好对地方国资监管工作的指导监督，形成国资监管系统向管资本转变的合力，加快构建国资监管大格局、形成国资监管一盘棋。

（2）加强组织领导，有效落实责任。立足党和国家工作全局谋划推进国资监管职能转变工作，将管资本的要求贯穿各个专业监管领域。全面查找当前履职中与管资本要求不符合、不适应的问题，主动作为，勇于担当，拿出务实管用的措施，确保改革要求落实到位。按照调整后内设机构职能，理顺运行机制，主动沟通衔接，避免工作交叉和监管空白，提高监管效能。

（3）完善制度体系，强化法治保障。积极参与国资监管重点领域立法，推动将管资本有关要求体现到《中华人民共和国公司法》等有关法律法规修订中。及时开展文件清理，修改废止与中央精神不一致、与管资本要求不相符的国资监管规章规范性文件。完善规范性文件合法性审查机制，确保各项制度在基本方向和原则、履职重点和方式等方面符合以管资本为主的国有资产监管体制的要求。

（4）改进工作作风，提升队伍素质。进一步提高政治站位，坚决做到对党忠诚，把加快自身改革、推进职能转变的实际行动作为检验干部增强"四个意识"、坚定"四个自信"、做到"两个维护"的重要标准。强化服务意识，加强调查研究，主动从企业角度考虑问题、推进工作，不断提高服务企业的质量和水平。加强国资监管业务知识学习，注重实践能力提升，建设一支适应管资本要求、具备管资本能力、忠诚干净担当的高素质专业化国资监管干部队伍。

参考文献

[1] 刘振亚.中国电力与能源[M].北京：中国电力出版社，2012.

[2] 朱晓艳.大部制下中国电力管制机构改革研究[M].北京：经济管理出版社，2013.

[3] (美) 萨利·亨特.电力市场竞争[M].北京：中信出版社，2004.

[4] 何仰赞.电力系统分析（上）[M].武汉：华中科技大学出版社，2016.

[5] 何仰赞.电力系统分析（下）[M].武汉：华中科技大学出版社，2016.

[6] 唐要家.电力体制改革与节能减排[M].北京：中国社会科学出版社，2014.

[7] 周四海.电力市场交易策略行为研究[M].北京：科学出版社，1999.

[8] 张启平.电力市场交易与电价理论及其应用[M].北京：中国电力出版社，2003.

[9] (美) 穆雷.电力市场经济学：能源成本、交易和排放[M].上海：上海财经大学出版社，2013.

[10] (美) 皮波·兰奇.电力市场经济学：理论与政策[M].北京：中国电力出版社，2017.

[11] 张利.电力市场概论[M].北京：机械工业出版社，1970.

[12] 曾鸣.电力需求侧响应原理及其在电力市场中的应用[M].北京：中国电力出版社，2011.

[13] 叶青.东方的复兴：电力市场交易通论[M].北京：中央编译出版社，2015.

[14] (英) 丹尼尔，(英) 戈兰.电力系统经济学原理[M].北京：中国电力出版社，2007.

[15] (美) 詹姆斯·莫莫.电力系统经济性市场设计与规划[M].北京：中国电力出版社，2016.

[16] 王志轩.电力需求侧管理变革[M].北京：中国电力出版社，2018.

[17] (美) 施韦普，朱治中，谢开.电力现货定价原理[M].北京：中国电力出版社，2011.

[18] 谢开.美国电力市场运行与监管示例分析[M].北京：中国电力出版社，2017.

[19] 李英.输配电价理论与实务[M].北京：中国电力出版社，2012.

[20] 施能自，洪延安.新一轮国企改革的思考与操作实务[M].北京：中国经济出版社，2019.

[21] 宋志平.改革心路[M].北京：企业管理出版社，2018.

[22] 刘刚.新一轮电力体制改革道路探索[M].北京：中国计划出版社，2018.

[23] 武建东.深化中国电力体制改革绿皮书纲要[M].北京：光明日报出版社，2013.

[24] 张昕竹，冯永晟，马源.中国电网管理体制改革研究[M].江西：江西人民出版社，2010.

[24] 时璟丽.电力体制改革形势下的可再生能源电价机制研究[M].北京：中国经济出版社，2017.

[25] 赵风云，韩放，董军，等.售电侧电力体制改革研究[M].北京：中国电力出版社，2016.

[26] 吴疆.中国式的电力革命[M].2版.北京：科学技术文献出版社，2015.

[27] 中国工程院.能源革命与电力创新[M].北京：高等教育出版社，2019.

[28] 彭建国.国企改革一本通[M].北京：东方出版中心，2021.

［29］国务院国资委改革办.国企改革探索与实践［M］.北京：中国经济出版社，2017.

［30］国企改革历程编写组.国企改革历程1978—2018［M］.北京：中国经济出版社，2019.

［31］徐怀玉.国企改革大决战［M］.北京：企业管理出版社，2020.

［32］卫祥云.国企改革新思路［M］.北京：电子工业出版社，2013.

［33］李锦.国企改革顶层设计解析［M］.北京：中国言实出版社，2016.

［34］马俊，张文魁，张永伟，等.国企改革路线图探析［M］.北京：中国发展出版社，2016.

［35］吴敬琏，马国川.重启改革议程［M］.3版.北京：生活·读书·新知三联书店，2016.

［36］江苏国资委，江苏省国有企业发展改革研究会.江苏国企改革之四十年四十企［M］.江苏：江苏人民出版社，2018.

［37］宋文阁，刘福东.混合所有制的逻辑——新常态下的国企改革和民企机遇［M］.北京：中华工商联合出版社，2014.

［38］周丽莎.改制——国有企业构建现代企业制度研究［M］.北京：中华工商联合出版社，2019.

［39］国家发展改革委体改司.电力体制改革解读［M］.北京：人民出版社，2015.

［40］中国电力企业联合会.2021年中国电力行业年度发展报告［M］.北京：中国建材工业出版社，2021.